華志文化

華志文化

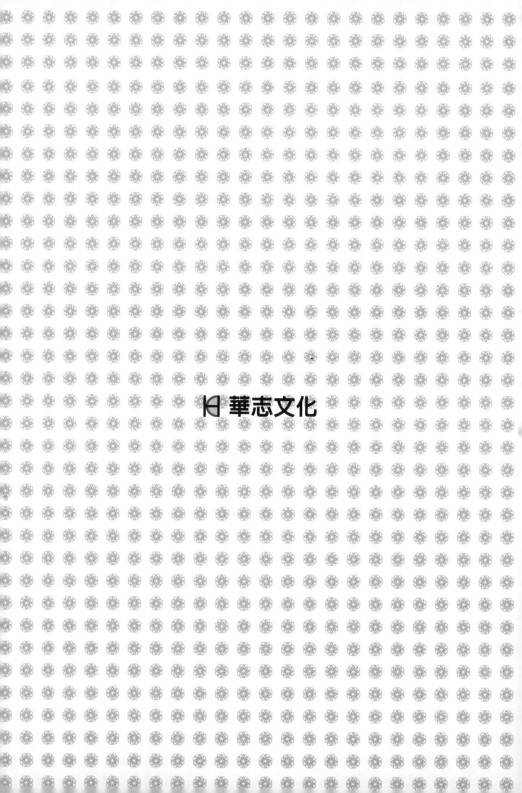

放下的智慧

不是放下需求，而是放下貪求

新世紀的生命力

放下不是放下需求，而是放下貪求；
放下不是放下希望，而是放下奢望；
放下不是放棄，是放下生命的多餘。

朱榮智 教授 著

推薦序

朱教授這一本《放下的智慧》的書，為其系列著作之一，內容精彩，特別強調人只要能開發「智慧」，就能「不惑」、「不憂」、「不懼」而輕輕「放下」。孔子說：「知者不惑，仁者不憂，勇者不懼」（《論語．子罕》），說的就是這個道理。

這種經由修學以至於合「智仁勇」三德而為一的「至聖」境界，是可藉由孔子成聖之歷程來加以驗證的。《論語．為政》云：「子曰：吾十有五而志於學，三十而立，四十而不惑，五十而知天命，六十而耳順，七十而從心所欲不踰矩。」從這段話裡，我們知道孔子在十五歲時便開始立志學聖，到三十而邁向了「立」的階段，這所謂的「立」，據《論語．季氏》伯魚引述孔子的話：「不學禮，無以立。」又於《論語．堯曰》說：「不知禮，無以立也。」可知它是指學禮、知禮而言。孔子就在這十五至三十的頭一階段裡，正如荀子所言：「始乎誦經，終乎讀禮。」用了十五年的時間不斷的「誦經」、「讀禮」，以熟悉往聖的思想與經驗，而達於「知禮」，也就是「知仁義」的境地，既一面作為日常行事的準則，又一面引為推求未知的依據。

如此以已知推求未知，過了十年，便人我內外「豁然貫通」，而順利的達於「不惑」的階段；到了這時，梗塞於心中的認知障礙，自然就完全消去，達到不迷不眩而能直探本真的地步。朱子在「四十不惑」句下注說：「於事物之所當然，皆無所疑。」（《論語集註》）這樣，對個別事物之理「皆無所疑」，而逐次的將「知」累積、貫通、提昇，經過十載，則所謂「知極其精」（朱子《章句》），便對本體的「天命」了然於胸，這就進入了「知天命」的階段。知既極其精，又極其大，於是再過十年，便到了「聲入心通」（朱子《集註》）的「耳順」階段，此時，就像陸隴其所言：「聞一善言，見一善行，若決江河，此聲之善者；詖、淫、邪、遁、知其蔽、陷、離、窮，此聲之不善者，皆一入便通。」（徐英《論語會箋・卷二》）可以說已充分的發揮了內在的睿智，把知識的領域開拓到了極致，達於「至明」的地步。進學至此，經過了人為與天賦的最高一層融合，那麼到了七十，自然就能到達「從心所欲不踰矩」的至誠境界。

由表面上看來，在這段孔子所自述的成聖歷程裡，自十五至六十的幾層進學階段，所謂「志於學」、「立」（知禮）、「不惑」、「知天命」與「耳順」，無可例外的，都針對著「知」（明）來說，但無疑的，在每一階段裡，皆是「知」中有「行」。因為每個階段所代表的無非是修學過程中的一個層面，而這修學的每個層面，如前所述，是一點也少不了「智仁勇」的「學之序」。打從「志於學」開始，可以說即靠著這種智仁勇的修學次第，才能在知行、天人的交互作用下，一環進一環、一層進一層的向上遞升，邁過「耳順」，直達「從心所欲不踰矩」的至聖領域，否則，至聖之境既無由造，而「智仁勇」也不能由「曲」而「至」的在終程統之於「至聖」而冶為一爐。

由此看來，「智仁勇」三者，經過修學的不斷努力，便自然的合歸一處，而凝為「至聖」，與天合其德。

這是人類理想之最高境界，常人要以此作為終極目標，由「小智（不惑）」、「小仁（不憂）」）、「小勇（不懼）」做起，達到互動、循環、提升的螺旋效果。大體說來，朱教授所謂的「知止」、「知足」、「簡單」，即主要由「小智（不惑）」做起；所謂「捨得」、「無我」、「轉念」、「圓融」、「不貪」、「無求」、「守柔」、「不爭」，即主要由「小仁（不憂）」）做起；「果斷」、「淡定」、「豪邁」、「豁達」、「自信」、「節制」、「虛靜」、「坐忘」，即主要由「小勇（不懼）」做起。如此使智↕仁↕勇三德互動、循環而提升，自然能逐漸邁向最高的理想境界。

在朱教授此書出版前夕，謹提供一己之閱讀心得，以表達誠摯的祝賀之意。

國立臺灣師範大學國文系退休教授

陳滿銘　序於國文天地雜誌社

自序

朱榮智

快樂是人生第一要義，可是大部分的人活得並不開心，因為人生有很多的煩惱與痛苦。有人為健康所苦，有人為金錢所苦，有人為感情所苦，有人為工作所苦，有人為事業所苦，有人為學業所苦，各有各的苦。有的人只有一種苦，有的人有許多種苦；有的人苦小一點，有的人苦大一點，普天之下，沒有人不苦。

我平常從台北開車到新竹教學，因為怕塞車，所以上午十點的課，一早六點多便從家裡出發。有一天，台北天空陰沉沉的，天上下著雨，一過了林口，突然雨如傾盆，雨刷轉到最快速，視線只能見到二十公尺以外的車子，為了安全，每部車都打雙燈警示。我一路上小心謹慎，誠惶誠恐，擔心雨天路滑，發生意外。

直到新竹，雨勢逐漸緩和，緊張的心情也才紓解下來。我一般在高速公路開車，車速總在每小時一百公里左右，這一天因為暴雨不斷，我只能放慢在八十公里。慢一點沒關係，能到達目的地就好；多耗一點油沒關係，安全就好。能放下就放下，該放下就放下。

人生的苦難是難免的。人生的苦難有的是來自外在的因素，如天災人禍，無可避免，只能逆來順受；有的則是自己給自己惹來的麻煩。生而為人，當然會有很多的欲望，有些欲望是合理的、必須的，有些欲望則是多餘的、非必要的。前者如生存的需求、安全的需求、被尊重的需求，自我實現的需求，後者如貪婪、自私、比較、計較、放縱。

有一個出家和尚準備遠行，但是遲遲還不出門。他的師父問他怎麼還不出門？他回答說：因為準備的行李還不夠，他沒有足夠的衣服、鞋子、雨傘、被子。師父馬上叫人送給他很多衣服、鞋子、雨傘、被子。這個出家和尚還是出不了門，因為太多的行李帶不走。師父這才告訴出家和尚說：「出家人行腳天下，一支瓶、一個鉢就夠了，太多的行囊，就會造成沉重的負擔。」

我們常常沒有自知之明，不知道自己需要什麼？不需要什麼？只是盲目的跟著別人的腳步前進，隨著社會的潮流沉浮。以為別人有的，自己也要有；別人不要的，自己也不應該得到。人各有命，每個人的因緣不同，一件衣服穿在別人身上很漂亮，穿在自己身上未必合適；一個髮型適合於別人，未必適合於自己。沒有最好的生活，只有最適合的生活；適合自己的生活，就是最好的生活。不是每個人都能吃辣，不是每個人的酒量都很好。

我們每一個人身上都有不少的包袱，沉甸甸的包袱使我們步履蹣跚，舉步維艱，沒有辦法快樂遠行。大家都想過好日子、快樂的日子，可是卻往往背道而馳；大家都想過輕鬆自由的生活，可是卻背著超重的包袱不肯放下來。兩手舉高，舉久了手會酸，手太酸而受不了，自然就會把手放下來。人生最好沒有壓力，如果壓力大到令人無法承擔，人就會崩潰。紓解壓力有很多方法，學習割捨、放下，從心理上得到解脫，是最重要也是最簡單的方法。

放下才能自由，放下才能快樂。本書二十篇短文，除了第一篇綜論〈放下的智慧〉，另外十九篇分別闡述如何才能放下。當然，說放下就要放下，不只要看透，更要能超越。

不是路已走到盡頭，而是該轉彎的時候。我期望這本書的一些理念，能夠點燃成為一盞盞的光明燈，幫助每一個飽受生活壓力、身處苦悶煩惱的朋友，走出生命的黑暗，迎向光明的未來，快樂自在，幸福美滿。讓生命中有歌、有詩，生活裡有愛、有美。

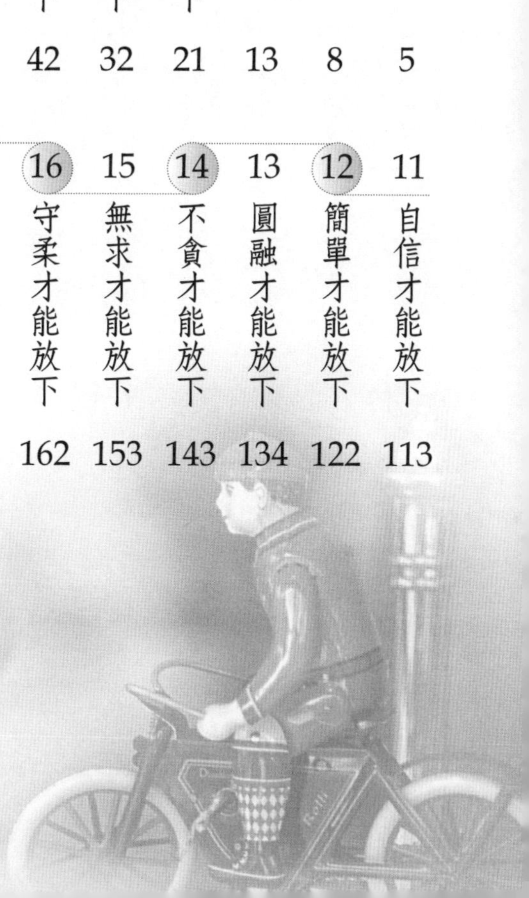

01

放下的智慧

生命的本質是什麼

現代社會充滿緊張、忙碌、煩躁，工作壓力、生活壓力、感情壓力，壓得很多人喘不過氣，而選擇逃避、放棄，自殺的案例時有所聞，造成很多的家庭悲劇、社會問題。

科技的昌明，使我們的物質生活得到大幅的改善，但是收入增加，快樂並沒有增加，幸福並沒有增加；相反的，卻是煩惱增加、痛苦增加。佛家有一首偈語：「到處尋春不見春，芒靴踏遍嶺頭雲。歸來笑拈梅花嗅，春在枝頭已十分。」幸福來自一顆安定的心靈，快樂來自一顆自由的心靈。如果我們沒有大聰明、大智慧，不知道生命的本質是什麼？人活著的意義和價值是什麼？我們就沒有辦法活得自得、自在。

人生是苦海

佛家說：「人生是苦海。」的確，每個人從出生到老死，都有很多的苦，有些人為健康所苦、有些人為財富所苦、有些人為美貌所苦、有些人為家庭所苦、有些人為工作所苦、有些人為學業所苦、有些人為事業所苦。人生沒有這個苦，就有別的苦；有的人苦多一點，有的人苦少一點，沒有一個人是一生順遂的，人生的道路不會永遠平坦。

潮起潮落，人生如潮水，也是起起伏伏、得得失失。有些人有大成就，有些人只有小成就，每個人的能力不同，每個人的成就不同。人生最重要的是要有自知之明，知道自己的斤兩，才不會不勝負荷而苦不堪言。

人生本來就是不圓滿的，這個世界長久以來一直處在變動不羈之中。「變是唯一的不變」，這個道理永遠不變。我們不能期待一生一世都是風平浪靜，沒有狂風暴雨。面對人生的風風雨雨，我們不是等待風暴的遠離，而是要學習如何在風雨中翩翩起舞，正視人生，迎接挑戰。

煩惱從那裡來

「求不完，苦不完。」「煩惱是因為想太多，痛苦是因為不滿足。」我們雖然是活在現在，卻常常眷戀著過去，又寄望著未來。過去的傷痛，不能撫平；過去的成就，沾沾自喜。面對不可預測的未來，則是又愛又怕傷害。活的不踏實，應是很多人的病，兩腳像踩在雲端，輕飄飄的，每天早晨睡醒，眼睛一張開，不知道今天要忙什麼？在忙什麼？人生沒有目標，生活沒有重心。因為沒有一顆清明的心，所以就把握不住人生的方向，而對是是非非、得得失失，也分辨不清楚。

我們常常以為自己是張三、是李四，慢慢才發現我們不是張三，也不是李四，最後，我們才找到自己。我就是我，我不是別人，別人也不是我。我們常常把快樂、幸福，寄託在外物、別人身上，以為得到我們喜歡的東西就快樂，得不到自己喜歡的東西就痛苦；別人喜歡，我們就快樂，別人不喜歡，我們就煩惱。等待別人施捨給我們一點快樂才快樂，我們能得到的快樂是很有限的。從物質上得到的滿足，是一時的、短暫的，不知足的人，再多都不夠。沒有，想有；有，要更多；好，要更好。貪得的心，是煩惱的根源。

老子說：「吾所以有大患者，為吾有身，及吾無身，吾有何患？」人生的苦惱，往往因為把自己看得太重，凡事從自己的角度出發，順我則生，逆我則亡。心裡只有自己，沒有別人，這是人格不成熟的人。人格成熟的人，是心裡有自己，也有別人。舌頭與牙齒之間是最親密的關係，牙齒難免會咬到舌頭，人與人之間，不管是親疏遠近，總有利害衝突的時候。力爭到底，就會兩敗俱傷；即便爭贏了，有時也是贏了面子，輸了裡子。

人生苦短，人生無常，人生實在沒有什麼好計較的，人生實在是計較不完的。何況得失、禍福、是非、善惡，本來就是相對而不是絕對。公說公的理，婆說婆的理，各持一片理，都對、都不全對。理在你這邊，理也在別人那一邊，我們不能因為自己有理而不顧念別人的理。我們往往因為心太剛強，所以跌得鼻青臉腫；心柔軟，人就可愛了。

放下什麼

面對煩惱，放下是唯一的選擇。放下，不是放棄；放下，是指放下會傷害身心健康的負面情緒或人、事、物。科學證明，人類很多疾病都是心理不健康所引起的，心臟病、高血壓、腸胃病、消化系統不良、內分泌失調、免疫系統失調……，都是由於情緒緊張、憂鬱、焦慮、躁急引發。藥物的控制，只能治標，不能治本。治本之道，心病還要心藥醫。所謂的心藥，解鈴終須繫鈴人，是靠自己有一顆清明的心、豁達的心，改變負面的情緒，抱持陽光心態。

布袋和尚詩：「布袋，布袋，放下布袋，何等自在？」布袋，象徵人生的包袱，人生有很多的包袱，當然非常沉重，放下包袱，才能輕鬆以行。

西方聖誕老人的禮物，裝的是孩子們最喜歡的糖果、餅乾、玩具和夢想，布袋和尚的行囊，裝的不只是金銀財寶，還有健康、美麗、親情、友情、愛情、事業、榮華、智慧等等人生美好的願望。人生有夢最美，但是築夢要踏實。放下，不是放下需求，而是放下貪求；放下，不是放下希望，而是放下奢望。做人要有度，凡事要適可而止。

放下心中的罣礙，就能事事無礙。心中有那些罣礙呢？佛家稱貪、瞋、癡、慢、疑為五毒。簡言之，包括執著、貪念、傲慢、忌妒、恐懼、不安、憎恨、憂慮等等。放下執著，才能通達變通；放下貪念，才能知足常樂；放下傲慢，才能謙虛為懷；放下嫉妒，才能欣賞別人；放下恐懼，才能心安理得；放下不安，才能逍遙自在；放下憎恨，才能寬恕別人；放下憂患，才能隨遇而安。

如何放下

很多人都知道放下才能快樂，偏偏就是放不下，所以煩惱痛苦。心無罣礙，海闊天空；心有罣礙，寸步難行。人常常是自己困住自己，很多人抓著痛苦不放，然後在叫痛。事情往往不嚴重，而是我們的想法使事情變得很嚴重。「一切由心造。」想開了，事情就好辦了。人生實在沒有什麼好計較、沒有什麼放不下的，因為我們遲早全都要放下。

對與不對都是相對，不是絕對。莊子說：「成者，毀也；毀者，成也。」又說：「方生方死，方死方生。」天下事物，我們常常只見其利，不見其弊，其實，所有的利害、禍福都是相倚相生。我們不能只要我們要的，不要我們不要的，老天給我們的都是恩典，我們必須照單全收。各人吃飯各人飽，各人業力各人了，老天管的事，如天氣的變化、人的生死；超越自己能力的事，如夸父逐日、銜石填海；別人家的事，像泥菩薩過河，自身難保；全都要放下。

為什麼放不下？因為看不破、看不透。愚者自縛，放下是智者、仁者、勇者。

放下，從生活簡單、思想簡單開始。放下生活中不必要的東西，放下內心太多的意念。

簡化才能美化，物化加速腐化，簡單的生活才能追求豐富的心靈，寧可做窮的有錢人，不要做有錢的窮人。前者除了缺錢，什麼都不缺；後者除了有錢，什麼都沒有。放下不想放下的東西，才能真正擁有你不想放下的東西。

放不下就是執著，人之所以痛苦，在於背道而行，追求錯誤的東西和思維。不要讓身外之物、錯誤的思維，羈絆我們的身心。說放下，就放下，不放下，就要承受痛苦的折磨。

放下就幸福

把生命交給上帝，把健康交給醫生，把心情交給自己。有好心情，才有好生活，改變心境，才能走出困境。世界上只有想不通的人，沒有走不通的路，有想法就有辦法。

美的人生，由愛所激發，由智慧所引導。愛人從愛自己開始，善待自己才能寬待別人。捨得是智慧，放下就幸福。放下是身陷煩惱的人唯一的出路，不要自己困住自己，成功從改變自己開始。放空、放鬆、放下，才能自得、自足、自樂。我們要以知識改善生活，以智慧安頓生命，以服務成就人生。

只有糟糕的心情，沒有糟糕的事情；懂得放下心中的不可能，才能釋放生命的無限可能。再忙，也要保持輕鬆的態度；再累，也要保持愉快的心情；再衰，也要保持旺盛的鬥志。

放下，是一門生活的藝術；放下，是智慧的抉擇。放下壓力，獲得輕鬆；放下煩惱，獲得幸福。整天忙碌的人，收穫的只是焦慮與疲憊，懂得放下的人，最後才是贏家。

壓垮自己的往往不是挫敗而是自己的壓力，壓力是為挫敗多付出的利息。一念放下，萬般自在。該放下的時候就放下，該放下的地方就放下，該放下的人就放下，該放下的事就放下，該放下的物就放下，該放下的念頭就放下。看透是智慧，放下是功夫。

把偏執放下，快樂就在腳下，放下負面的想法，才能走出煩惱的困境。放下燈紅酒綠，放下高官厚祿，放下名利物欲，放下多餘的欲念，才能獲得健康快樂、美滿幸福的生活。

02

知止才能放下

知止是人生最大的智慧

知止是人生最大的智慧，學會知止才能放下得失禍福。二十一世紀科技的快速發展，改善、提升了人類的生活。我們現在的物質生活已經極為安逸、舒適、富足、美滿，可是我們的精神生活卻日益憂慮、惶恐、緊張、不安。物質的滿足，並不能填滿內心的空虛。一項民意調查顯示，八〇年代末期中國大陸的幸福指數是百分之六十四左右，一九九一年，在改革開放之後，經濟起飛了，幸福指數提升到百分之七十三；一九九六年，經濟更好了，可是幸福指數卻下降為百分之六十八。可見人民的幸福指數，並不因為經濟改善、生活富裕而跟著提升。

人從物質上得到的滿足，是一時的、短暫的，人在物質方面的努力，只能解決一時的問題、一部分的問題，人無法從物質方面解決所有的人生問題。人除非從精神上得到完全的自由解放，否則對於生命的種種困惑、煩惱，沒有辦法從物質上獲得圓滿的解決。

人生的存在，有種種的限制，人是經常被放置在充滿貧乏、恐懼與不安的環境之中，只有把人從被壓迫的狀態中解脫出來，恢復人類求生存、求創造的生命力，重獲個體心靈的自由，才能徹底解決人生的所有問題，而免於貧乏、恐懼和不安。

放下不是放棄

我們的日常生活中，常會發生許多令我們煩惱、不開心、痛苦的事，人生的煩惱與痛苦，有的是來自不可抗拒的天災、人禍等等的外在因素，有的則是來自自己內心不正確的偏差觀念和不健康的生活習慣。對於無可奈何的外在因素，我們只能逆來順受，把傷害減到最低；而源於自己的思想與行為所產生的煩惱和痛苦，則要懂得知止、放下。

放下不是放棄。生命是不可承受的輕，人生難得，每個人都要好好珍惜自己的寶貴生命，日子是天天過的，挫敗的時候更要精進。放下是割捨掉生命的多餘，就像泥塑家、木雕師，把多餘的泥料、木料去掉，才能成就偉大、不朽的泥塑、木雕藝術作品。多餘的脂肪，壓迫心臟；多餘的財富，壓迫生活；多餘的思慮，壓迫心靈。

一個人背著厚重的行囊，怎麼能夠輕鬆行走呢？只有放下行囊之後，才能愉快自如。守著財富不肯施捨的人，必然是個孤獨、寂寞的人。一個人成就的大小，不在於得到多少，而在於付出多少；一個捨不得付出的人，終將一無所有。

放下才能自在，放下才能快樂，放下才有幸福。放下是一種智慧，放下是一種選擇，放下是一種能力。幸福很簡單，快樂也是，把一切不屬於幸福、快樂的東西，全都放下，幸福、快樂就來了。所以，放下就能得到幸福，放下就能得到快樂。

除了不可抗拒的天災、人禍，很多的煩惱都是自找的。「天下本無事，庸人自擾之。」我們常常以為天要塌下來，其實只是腳跟站歪而已。問題本身並不嚴重，而是我們的想法使問題變得很嚴重。揭開心靈的枷鎖，困住自己的是自己，釋放自己的也是自己。

人生遲早都要放下

多年以前，我旅居紐西蘭，有一天，一位紐西蘭的朋友對我說：「你每天都過得很緊張、很忙碌、很憂慮，放輕鬆點。」（you are busy, you are hurry, you are worry, take easy.）一語破道我的生活盲點。西方人把生活看成享受，所以活得很開心，中國人把生活當成責任，所以壓力很大。其實，我們真的沒有那麼重要，不去開會，會議照樣進行；不去應酬，朋友一樣飲酒歡樂。有一段話說：「即便我們沒有給自己留下喝一杯咖啡的時間，地球一樣在自轉。」實在很有道理，人生沒有什麼放不下的，人生遲早全部都要放下。

那麼，我們要放下什麼呢？我們要放下所有讓我們不幸福、不快樂的東西，譬如貪婪、憎恨、癡迷、傲慢、偏見、懷疑、恐懼、傷痛等等。放下一身輕。首先，我們要放下身段。我們常常把自己看得太重、太了不起，身分、事業、財富、美貌、聰明、才智，不是令人驕傲、自大，就是令人自卑、自憐。每個人在這個世界上，都是獨一無二的，尺有所短，寸有所長，每個人都有一些優點，也都有一些缺點，只是有的人優點多一點、缺點少一點，有的人優點少一點、缺點多一點。人生沒有十全十美的事，也沒有十全十美的人。做人從尊重開始，懂得尊重別人，才是人格成熟的人。

其次，執著是痛苦的根源。一個老和尚帶著小和尚渡河，遇見一個女子也要渡河而渡不了河，老和尚抱著女子平安渡了河。許久之後，小和尚十分疑惑地問老和尚：「出家人不是不可以近女色嗎？怎麼可以抱女子渡河？」老和尚回答說：「我早已放下，你還放不下。」非洲人抓獼猴，是把米飯塞進椰子殼的洞裡當誘餌，獼猴伸手抓住椰子殼裡的米飯而不肯放下，所以被捉了。船沉了，富商抱著厚重的金塊不放手，因而溺斃。

放下執著，心靈就得到開放，開放是幸福的根本。我對生命的體悟：對與不對，都是相對而不是絕對；人生沒有非如何、非不如何的事。兩個武士經過一棵大樹，樹上掛著一個盾牌，甲武士說盾牌是金的，乙武士說盾牌是銀的，兩個武士為了盾牌是金的或是銀的，就吵起來、打起來，結果才發現盾牌一面是金的、一面是銀的，看到金的說是金的，看到銀的說是銀的，說金的對，說銀的也對，說金的不全對，說銀的也不全對。禍福相輔相成，「塞翁失馬，焉知非福？」得到未必是幸福；失去，也未必損傷。凡事自有因緣，隨緣自在，隨緣歡喜。如果本來不是你的位置，何必硬要擠上去呢？損人未必利己。

我們這副臭皮囊，是老天借給我們用的，遲早都要還回去。人的生命只有使用權，沒有所有權，有什麼好爭的呢？有什麼好求的呢？早放下、晚放下，遲早全都要放下。再者，我們要放下貪念。「名利如海水，愈飲愈渴。」得到需要的不叫貪，想要不需要的才叫貪。我們想要的很多，需要的很少。《莊子・逍遙遊》：「鷦鷯巢於深林，不過一枝；偃鼠飲河，不過滿腹。」鷦鷯鳥棲止在樹林，整片樹林，牠只要一棵樹的一根枝椏而已；偃鼠到河裡喝水，整條河水，牠只能把肚子填滿而已。我們有十間、八間房子，一天只能住一間；晚上睡覺，也只需要三尺、六尺的地方而已。「多則惑」，過多的慾望，對人是有害而無益。幸福快樂，是向內求而不是向外求，我們往往捨近求遠，捨本逐末，飲鴆止渴。

人生最大的不幸，是不知道自己是幸運的人。能放下的人，是豪邁豁達的人，不能放下的人，是執迷不悟的人。除了要放下身段、放下執著、放下貪念，還要放下恐懼、不安，放下偏見、成見，放下私心、憎恨，放下失敗、傷痛。很多人害怕失去家庭、財富、事業，所以整天汲汲營營，疲於奔命。工作是為了生活，不少人為了工作而犧牲生活，工作一百分，生活不及格。已故美國蘋果手機執行長賈伯斯曾說：「人都有放下道珍重的一天。」連死都要放下，人生還有什麼放不下的？

為什麼放不下

為什麼放不下？因為捨不得。捨得，就放下。《金剛經》：「一切有為法，如夢幻泡影，如露亦如電，應作如是觀。」放不下的原因，主要是心有罣礙，未能參透宇宙生命的本質。宇宙萬事萬物，誠如《金剛經》所說：「如夢幻泡影」，都是虛幻的、不實在的，都是變化無常的，「凡物皆有定時」，存在的東西都會消逝。當我們明白了這些道理，我們就不會再執著、再迷戀了。

《西遊記・悟空歌》：「天也空，地也空，人生渺渺在其中。日也空，月也空，東昇西墜為誰功？金也空，銀也空，死後何曾在手中？妻也空，子也空，黃泉路上不相逢。權也空，名也空，轉眼荒郊土一封。」的確，我們都是空手來，也是要空手回去，「萬般留不住，只有業相隨。」

心有罣礙，就會有顛倒夢想。人生最難的是生死障，死都不怕，其他還有什麼好怕的呢？把生死都放下了，還有什麼放不下的？戰勝恐懼就能贏得勝利。人生最重要的是要能找回內心的寧靜。一顆不安定的心，是煩惱痛苦的根源。放下壓力，得到解脫；放下煩惱，得到快樂。

追求完美，是不可救藥的毛病。人生本來就是不圓滿的，我們能接受人生的不圓滿，才能追求圓滿的人生。所謂十全十美，是「九全九美」加一個「不全不美」。我們要「要求」，而不是「苛求」；我們要「勉強」，而不是「逞強」。我們自己本身本不完美，何忍苛求別人的完美？我們不要笑鸚鵡學語，我們自己也不會飛。我們有一顆寬厚的心胸，就不會處處和自己過不去，和別人過不去。

責任感太重、事業心太強的人，也往往是放不下的人。我們要管太多別人的事，把別人的責任往自己身上扛，當然是非常辛苦的事。偶而放下手機，生活就多一點幸福；偶而給自己放個假，生活會變得多采多姿。沒有時間午休，也要來杯下午茶。

說放下就放下

說放下就放下，放下是沒有條件的，放下是不必等待的。談放下，並不是要全部放下，而是該放下的才放下；也不是一次都放下，而是逐步、漸進的，慢慢放下，分辨清楚本末、先後、緩急、輕重。人生難免會有失足的時候，有人傷到肌膚，有人傷到筋骨，有人傷到粉身碎骨。「莫到燙手才放下」，聰明的人在杯子倒入熱水時就會有放下的準備；一般的人等到熱水滿溢時才會放下，執著的人一定要等到熱水燙傷手才放下。等到熱水燙傷手才放下，便要付出慘痛的代價。

明白的人懂得放下。天下最不幸的人，是不知道自己擁有幸福的人；快樂不是擁有很多，而是要求很少。懂得知足、感恩，心存感激的人，是幸福、快樂的人；相反的，如果一個人心裡只有怨、怒、恨，一定是個非常不快樂的人。

如何放下？如果是感情上的傷害，就轉移目標，用時間療傷止痛。撫平傷痛最好的方法，是遺忘和原諒。我們可以失去愛人，不可以失去愛。天下一直有值得我們愛和需要我們愛的人，不要把愛儲放在冰箱，愛要流動，愛要傳播，愛要分享。如果是財務上的傷害，我們要虛心反省，重振信心。

已經發生的事，追悔無益，煩惱只是為失敗多付出的利息。沒有回得去的事，也沒有過不去的事；沒有過不去的事，只有過不去的人。人生就是修行，開心就能開運，有好心情就有好生活，放下對失敗的抱怨，人生更寬廣。想開了、想通了，糾結就會消失。

知止才能放下

追求幸福快樂的人生，是每一個人共同的願望，可是並不是每個人都過得很幸福、很快樂。論其原因，主要是因為很多人不知道幸福、快樂的真諦是什麼？以為擁有功名富貴，享受富裕豐足的物質生活，就能幸福、快樂。其實，所謂的幸福、快樂，只是內心的自得自足，是自我價值的肯定。

面對各種的誘惑，我們要沉得住氣，才不會迷失、墮落，無法自拔。一個人如果不能知止、知足，就會成了情欲、物質的奴隸，老子說：「禍莫大於不知足，咎莫大於欲得。」我們只有有限的歲月、有限的體力、有限的財富，知止，就是要知道人生的有限，不能貪求無厭。

科技越進步，各種聲色犬馬的誘惑就越多，我們如果不懂得節制，就會沉迷、陷溺。幸福、快樂來自一顆安定的心靈，那麼，如何才能求得一顆安定的心靈呢？就是要能知其所止，止其所止。

知止的涵義，顧名思義，就是一個人要有自知之明，知道自己有什麼、沒有什麼？要什麼、不要什麼？該要什麼、不該要什麼？一味盲目的追求，不知道自制，就會跌得鼻青臉腫，傷痕累累。

知止才能掌握人生的方向，確立人生的目標；知止才能珍惜殊勝因緣，求得身心安頓；知止才能放下此身我執，積極活在當下；知止才能放下恐怖罣礙，擁有自由心靈；知止才能欣賞人生美景，享受快樂生活。

人生的痛苦，往往因為私心太重、慾望太多，而又爭強好勝，知止才能放下，放下是為了騰出空間接納更有價值的東西。人生像是兩手各已提著東西，想要拿另一樣東西，必須先放下一樣東西。機場的飛機如果都不起飛，怎能再有飛機降落？知止就是知道該放下的時候，就要放下；該要放下的東西就要放下。

放下，是人生的必修課程。懂得放下，才能解脫煩惱，解開心靈的禁錮；懂得放下，才能豐富生命，充實生命的價值。人生得意的、失意的，喜歡的、不喜歡的，快樂的、不快樂的，全部要放下。

我們不想放下，所以我們放不下；我們沒有決心放下，所以我們放不下。放下，從轉變心念開始，把負面情緒轉變為正面情緒。同時，要下定決心，立即行動，說放下就放下，不要猶豫不決，不要優柔寡斷，在「放下」的字典裡，沒有「可是」兩個字。

其次，要簡化生活，降低對物質的需求，建立空杯的心態、超然的精神。空杯才能裝水，空碗才能盛飯。不以物喜，不以己悲，遊於物之外而不遊於物之內。擺脫噩夢的糾纏，唯一的方法，就是醒來；擺脫煩惱的痛苦，唯一的方法，就是放下。放下不是天生的本事，而是一種學習而得的能力。蹲得愈低，跳得愈高，放下才能躍起。

03

知足才能放下

背負重擔的人，行路維艱

背負重擔的人，行路維艱，辛苦萬分，這當然不是每個人樂意發生在自己身上。可是很多人都是一面抓著痛苦不放，一面在叫痛，拼命往身上增加包袱，然後希望輕鬆以行。什麼都想要的人，結果什麼都要不到。知足才能放下，不知足的人汲汲營營，不斷的在追求，慾望填膺，這個也想要，那個也想要，心裡有許多的罣礙，當然就放下不了。

知足者富

《老子》第33章：「知足者富。」有錢不是福，知足才是福，有錢的人而不知足，實在不如一個知足的窮人。錢要賺多少才夠？不滿足的人，再多的財富都嫌不夠，為了追求無止境的財富，疲於奔命，犧牲了健康、休閒、親情、友情與愛情，實在得不償失。錢要用的到才有價值，銀行的存款，多一萬元和少一萬元，相去不遠。

有錢的人不是真正的富者，真正的富者是自得、自足、自適、自樂的人。有錢人可以買高貴的東西，可以享受奢華的物質生活，可是未必懂得高雅的生活品質。享受不在花錢多，高雅的生活品質，並非有錢人的專利品，錢可以買到昂貴的珠寶，卻買不到青春、健康與愛情。

一個人最大的滿足，不是來自物質的享受，而是精神上的愉悅和順。物質的滿足，是有限的、短暫的；精神上的滿足，才是持續的、長久的。一枝草，一點露。漂亮的人不一定有錢，有錢的人不一定健康，健康的人不一定有才華，老天很公平，老天不會把所有的好處給一個人，而把所有的壞處給另外一個人，每個人都擁有一些，也失去一些。如果一個人不知足，不能珍惜自己擁有的，而去計較他沒有的，他便會很難過、很痛苦；相反的，如果一個人很知足，他能非常珍惜他擁有的，他便是很幸福、很快樂的人。

知足不辱

《老子》第44章：「知足不辱。」知足的人不貪求，知足的人沒有太多的慾望；知足的人懂得節制，凡事適可而止。人的欲望，永無止盡，沒有的時候，希望有；有的時候，希望更多、更好。尤其在今天，科技非常發達，各種新奇的產品，日新月異，不斷創新發展，流行的服飾、精緻的出版品，更是美不勝收，令人目不暇給，真所謂「五色令人目盲，五音令人耳聾，五味令人口爽，馳騁畋獵令人心發狂，難得之貨，令人行妨。」如果不能節制，適度的享受生活，必然是拼命的去追逐求取，不達目的，絕不終止，甚至為了達到目的，不擇手段，以致害人害己，招惹無盡的災禍。

人生的災禍，歸根究柢都是來自一個貪字，人心的陷溺，主要是因為不知足。一個人過分貪名愛利，盲目去追逐求取，往往未得其名，先得其辱；未獲其利，先受其害。因此，在這個變亂的時代裡，在這個充斥各種聲色犬馬誘惑的社會中，我們最需要的就是要懂得節制，知止、知足，過簡單而樸實的生活，回歸自然，順應天理，才能怡然自得，平安喜樂。

知足常樂

一個貪得無厭的人，一味求快、求多、求好，身心的健康就會受到嚴重的傷害，各種的文明疾病，失眠、高血壓、胃潰瘍，甚至是精神躁鬱症，都是起因於生活太忙碌、太緊張。人不是機器，不能整天像陀螺一樣在打轉，面對緊張、忙碌、繁重的現代生活，我們應該學習輕鬆以對，學會放下。人生要懂得割捨，割捨那些不重要、不必要的東西，減低對物欲的追求。

這個世界沒有最好的生活，只有最適合的生活，適合自己的生活就是最好的生活。人各有命，有人天生富貴，有人天生貧賤；有人天生聰明，有人天生愚昧；人生並不是想怎樣就能怎樣。我們只能改變能夠改變的事，我們不能改變不能改變的事；我們只能珍惜所有，全力以赴。金無十足，人無十全，人生本來就是不圓滿，我們不能苛求圓滿的人生。

不是每個人都長得漂亮，可是每個人都可以活得漂亮。長得漂亮是運氣，活得漂亮是能力。生命是父母給的，成就是自己努力的，我們只能盡力於能力所能及的事。一個人能夠得到內心的自足、自我價值的肯定，就是最幸福最快樂的人。

知足是人生最大的財富，一個不知足的人，貪得無厭，往往自取其辱，就像一個不知止的人，衝過了頭，就會頭破血流，釀成生命的危險。

禍莫大於不知足

《老子》第46章：「禍莫大於不知足。」清人胡澹庵編《解人頤》一書，其中有一篇《知足歌》，歌詞是「思量疾厄苦，無病便是福。思量悲難苦，平安便是福。思量死來苦，活著便是福。也不必高官厚祿，也不必堆金積玉，一日三餐，有許多自然之福。我勸世人不可不知足。」如果一個人不知足，便會貪婪不已，即便累積了很多的財富，最終也是會付出慘痛的代價。

《老子》第44章：「甚愛必大費，多藏必厚亡。」愈為珍愛的東西，所要付出的代價愈高；收藏的財物愈多，所損失的東西也愈多。天下事一得一失，沒有不勞而獲的事，為了贏得名聲、財貨，而失掉生命、健康、家庭、信譽……，值得嗎？不知足而招惹禍害的例子，真是不勝枚舉。貴為總統的陳水扁因為貪汙成了階下因，前行政院秘書長林益世因為索賄而被判刑，都是最近發生的事，實在值得引為戒惕。

不知足往往是災禍的根源。因為人對自己所喜愛的，不管是名或利，求的愈多，喪失的愈多。匹夫無罪，懷璧其罪，人生本來沒有是非禍福，但是因為有太多的寶物，而被竊賊覬覦，破財事小，傷身事大。古今中外因為位高權重，坐擁金山銀礦而惹來殺身之禍的例子，屢見不鮮。《老子》第35章：「樂與餌，過客止。」樂指的是悅耳的音樂，餌指可口的美味，這兩者都能引起過路的人止步，何況是金銀珠寶，怎不會引發更多的誘惑呢？所以《老子》第26章說：「雖有榮觀，燕處超然。」雖然有華美豐富的物質享受，也要有一顆超然物外的心，泰然處之。

人對欲望的追求，不全是物質方面，人對知識的探索，也往往貪求不已。《莊子・養生主》：「吾生也有涯，而知也無涯，以有涯隨無涯，殆已；已而為知者，殆而已矣！」我們的生命是有限的，而知識是無窮無盡，以有限的生命去追求無窮無盡的知識，那就要精勞神疲；如果知道了而還要去汲汲追求，便會疲困終生。

天下的災禍，沒有比不知足更大的；天下的過咎，沒有比貪心更大的。每一個人都希望求福辭禍，可是如果不知節制，不知道滿足，永無止境的執迷追逐，恐怕還沒得到福，先得到禍，即便得到小福，大禍也會緊隨而來。循環反覆是宇宙不滅的定律，禍中有福的因子，福中有禍的因子，禍福的關係，是緊密的連在一起。天下事得不必喜，失不必悲，生命是一連串得得失失的過程，有人因禍得福，也有人樂極生悲。

人爭一口氣，佛爭一柱香。人要力爭上游，追求卓越的能力，享受優質的生活，基本上不是錯誤的態度，但十分重要的是要量力而為、適可而止。君子愛財，取之有道，不可以為達目的而不擇手段。爭氣是向成功者看齊，是要求自己和成功者一樣的傑出，不是犧牲別人而成就自己，更不是作姦犯科，胡作非為，以求得不法的利益。人生如同回力球，怎麼出去，怎麼回來，用不法取得的利益，最後也會因不法而獲罪。

人生所以有禍、有咎，不是因為做該做的事，而是做不該做的事。合理的欲望是正常的、正當的，追求合理的欲望，是不會有禍咎的，追求不合理的欲望，才會帶來禍咎。

禍莫大於不知足，不知足就是貪字作祟。貪心、貪得，不該有的想法，叫做貪心；不該有的獲得，叫做貪得。一個人有了貪心、貪得，就會心存僥倖，就會得寸進尺，就會干犯不諱、違法亂紀，如此一來，怎麼不會有禍咎呢？

知足才能圓滿人生

我們都希望在生活中有歌、有詩，在生命中有愛、有美，但是在現實生活中，我們有許多的煩惱、痛苦、焦慮、躁急，我們常常被放置在充滿貧乏、恐懼、不安的環境中。生命安全，才能免於恐懼；生活安定，才能免於貧乏；心靈安祥，才能免於不安。歸結而言，人生最重要的就是求得一顆安定的心靈，有一顆安定的心靈，就不會有恐懼，就不會覺得貧乏，知足的人才能擁有一顆安定的心靈，

知足的人才能掌握人生的方向，知足的人才能體認生命的價值，知足的人才能追求生活的品味，知足的人才能求得身心的安頓。人生難得，雖然人生苦短、人生無常、人生多難，但是每個生命自有其意義與價值。

人生在世，所為何事？如果說生命的存在只為了飽食暖衣，那麼人在追求溫飽之後，為什麼還在忙個不忙？如果說人生是為了追求財富、地位，那麼許多人擁有令人羨慕的金錢、身分之後，為什麼還是鍥而不捨的努力工作？人生應該要有更高、更遠、更大的目標，生命的價值應該是超越個人有限的生命，超越個人的榮華富貴，而以全人類的福祉、整體國家社會的安危為關懷的對象。

人生追求的目標，誠如佛家所謂：一是拔除人間的痛苦，一是增進人間的喜

樂。為了拔除人間的痛苦，要有「我不入地獄，誰入地獄」、「地獄之門不空，誓不成佛」的心胸；為了增進人間的喜樂，要有「滿心歡喜，生老病死。」「大肚能容，天下古今。」的氣度。

人生最大的問題來自一個「惑」字，人心的陷溺，多半是因為抗拒不了誘惑。談到生活的品味，很多人就想到名牌，想到奢華享受，其實，生活的品味，絕不能只從物質的角度去看待，幸福的人生，不是靠名利的獲得而得到肯定，我們以歡喜心看世界，世界便充滿歡喜。

生活不只是物質的堆積，悠閒的心情才能識得生活的趣味。一個人因富裕而庸俗，不如因貧窮而尊貴，如果一個人只注意看得見的東西而忽略一些看不見的東西，就會愈是努力，愈是迷失、困惑、空虛、無奈。

精神生活和物質生活，是人類生活的兩大主體；一個人生命是否和諧圓滿，充實的物質生活固然很重要，提升精神生活更為重要。我們一般人眼中的大富大貴，是能賺很多錢的人、做很大官的人，其實，真正的富貴，並不是看得見的錢財聲勢，而是內在生命的富足寬厚、愉悅舒坦。一個俯仰無怍、問心無愧的人，頂天立地，氣象干雲，才是最富足、最尊貴的人。

知足才能放下包袱

人生有許多的包袱，人生的包袱充滿了人生的期許和願望，這些期許和願望，有的是人類最基本的需求，有的則是可有可無的需求，有的則是有害而無益的需求。人的願望是多方面的，合理的願望，當然要努力去實現，不合理的願望，則多得無益，甚至會帶來禍害災難。

人生的包袱，常常是來自自己太多的追求。人常常給自己設下的框框卡住了，人也常常不自量力的給自己太多的期許和壓力。

人生貴在自得，當我們能夠消除對生活完美的追求，才能夠發現生活本身的完美。平安就是福，快樂來自內心的自足。人生的需求是多方面的，金錢地位所能滿足於人的，只是其中一部分，自由、愛、被尊重、自我實現等等精神層次的願望，往往才是更多人的夢想。

知足的人沒有貪念，見好就收；知足的人站穩腳跟，不會盲目衝撞；知足的人知所取捨，頂得住誘惑。知足的人能放下多餘的包袱——放下此生我執、放下恐怖罣礙、放下得失禍福，而積極活在當下，享受圓滿人生。

04 捨得才能放下

有捨有得

捨得，可以是兩個單詞，可以是一個偏義複詞，把捨得當成兩個單詞，捨是捨棄，得是獲得，為一正一反的兩個涵義。把捨得當成一個偏義複詞，就像「國家」只取「國」義，而不取「家」義；「忘懷」只取「忘」義，不取「懷」義；「去留」只取「去」義，不取「留」義。「捨得」作為偏義複詞，也只是取「捨」義，而不取「得」義。

捨得放下，是一門人生的必修課程。人的一生是不斷學習提起和放下的過程，我們要有提起的勇氣，也要有放下的瀟脫。空才能有，教室因為沒有別班在上課，所以我們才能進去上課。我們因為能夠放下一些人生的多餘，才能提起更多珍貴的東西。放下壓力，得到輕鬆；放下煩惱，得到快樂；放下恐懼，得到平安；放下貪念，得到知足。能夠放下的人，才是人生真正的贏家。

人生有很多罣礙

人之大患，是因為有個臭皮囊，每天一張開眼，就是要吃、要喝，有情、有欲，貪求無厭、永無止盡，人生最基本的需求是生存，人都活不下去了，還能奢談什麼理想抱負？人性尊嚴？人生價值？今天在整個地球上，還有很多人類瀕臨生存的危機，沒有糧食，沒有水，沒有足夠的物資，生存對很多人而言，仍是非常嚴峻的考驗。

維持生命的存在，對多數的人來說，並不是非常困難的事。人生的意義，並不是活著就好，要活就要活得很好，生活無虞之外，還要追求生活的品質和生命的價值，發揮人的才華，服務社會，貢獻國家，造福全人類。欲望與人俱生，欲望是推動社會進步的動力，因為天黑看不見東西，人為了晚上還能看到東西，所以發明了電燈；因為天熱難受，人為了生活能舒適，才發明了電風扇、冷氣、電冰箱等電器用品。不過，人的情欲也有不好的一面，譬如過度的貪婪、淫逸、偏邪、忌嫉、憤怒、憂鬱、哀痛等等，都會造成我們身心的傷害，甚至累及別人。

人生的罣礙，多半來自內心的不正確想法。人在天地之間，只是萬物之一，人並沒有值得驕傲自詡的地方，當然也不必自卑自憐。我們只要活出自己，用自己的因緣過生活，選擇所愛，愛所選擇。

人生的煩惱都是自找的，不是自戀就是自虐，我們實在不必和自己過不去，把自己想的太了不起或是一文不值。李白詩：「天生我材必有用。」一枝草，一點露，每個人都會有一些本事，只是有些人的本事多一點，有些人的本事少一點；有些人的本事強一點，有些人的本事弱一點。沒有人是萬能的，也沒有人是一無是處的，我們要很平允客觀的看待自己、看待別人。

我們對生命要有通達的看法。這個世界從古至今，一直是變動不羈，變是唯一的不變，我們一方面要以變應變，一方面要以不變應萬變。宇宙萬物都逃離不了生、成、住、滅的法則，人為萬物之一，當然也是如此。有生必有死，生、老、病、死，就像天候春、夏、秋、冬四時的運行，循環不已。在百年的歲月中，人能要求多少？得到多少？積極的人把人生看待成一趟責任之旅。生命不只是一種存在，生命追求的是價值，雖然人早晚會走向死亡，但不能因此而坐以待斃。活一天要有一天的價值，活一年要有一年的價值。

因為對生命有通達的看法，所以面對苦難的人生，才能逆來順受，凡事「要求而不苛求」、「勉強而不逞強」、「希望而不奢望」，凡事不會求全責備，要求盡善盡美，了解生命本來就不完美，應該要心存感恩，因為心中有愛、有感激、有感恩，所以人生是彩色的。反之，如果心中只有怒、怨、恨，生命就成了黑白。

一切由心造

法國小說家雨果說：「世界最寬廣的是海洋，比海洋寬廣的是天空，比天空寬廣的是人的心胸。」心有多寬，世界就有多寬，路是無限的寬廣，就看我們如何去看待。佛家說：「有願就有力。」「有想法就有辦法。」願，就是希望，一個失掉希望的人是最悲慘的人。「態度決定高度」，一個人觀念改變，態度就會改變；態度改變，行為就會改變；行為改變，習慣就會改變；習慣改變，個性就會改變；個性改變，人生就會改變。所以歸結到最初，一個人的觀念決定一個人的一生。

天下事一得一失，成功與失敗、善與惡、成與毀，就像一個銅板的兩面，緊鄰在一起，不論那一面在上面，都不會影響銅板的價值。有的人生性樂觀，凡事從好的一面看待；有的人生性悲觀，凡事從壞的一面看待。面對陽光，陰影就在背後；

面對陰影，陽光就在背後。

捨得兩字的涵義，也是如此，捨是放下，得是提起。很多人捨不得放下包袱，所以人生的道路，一路走來非常辛苦，放下煩惱與痛苦並不難，說放下就能放下，除非是不忍放下、不捨放下。

我們常常是給自己設定的規則卡住了，面對日新月異的新環境，我們要有新思維、新作法，拿著舊地圖去找新地址，難怪會迷路。早放下，晚放下，人生遲早全部都要放下，有什麼不忍與不捨的呢？佛家說：「一切由心造。」一個人是否能夠幸福與快樂，全在於一念之間，大家都想幸福與快樂，可是很多人背道而馳，所有作為偏偏都是帶來煩惱與痛苦，則怎麼可以得到幸福、快樂呢？

捨得就快樂，放下就幸福。要想得到幸福與快樂的人生，並不困難。生命是菩提，生活是道場，修行從不貪、無求開始，減低對物質欲望的追求，提升對精神生活的滿足，寧可做個有錢的窮人，不要做個窮的有錢人。名與利是很重要的，但不是唯一重要的東西，如果魚與熊掌不能兼得的時候，我們當然要捨魚而取熊掌，因為魚易得，熊掌難得。寧可捨去名利，而追求健康、家庭。

壓力的產生與紓解

今天，我們的物質生活已經極為安逸、舒適、富足、豐盛，但是我們的精神卻非常憂慮、惶恐、緊張、不安；物質的滿足，並不能填滿我們內心的空虛。現在世界的很多角落，仍然充斥貪婪與戰爭，恐懼和不安是非常多的人的共同夢魘。

我們的壓力從那裡來？歸納而言：

第一，來自太多的貪求。「人心不足，蛇吞象。」沒有的時候想有，有的時候想更多，貪求無厭，愈陷愈深，難以自拔。當無止盡的欲望不能一一實現、滿足時，內心便產生煩惱與痛苦，譬如只有能力租房子的人，卻想要買房子；只有能力買小房子的人，卻想要買大房子。野心太大，不勝負荷，當然就會很難過。

第二，我們的壓力，有一部分是來自個性太急切，急著要把事情做完、做好。本來一天才能完成的事，卻想要半天就做完；本來就只有八分的能耐，卻想要做到十分的成果。不自量力，壓力自然會發生。

第三，我們的壓力，有時是來自觀念的不通達，放不開，太執著。宇宙萬事萬物本來就是變動不羈、變化無常的，天下沒有非如何、非不如何的事，對與不對，都是相對而不是絕對。執著是痛苦的根源，因為捨不得，所以放不下。放不下心頭的罣礙，便要苦不堪言。

第四，我們的壓力，也往往來自自我的膨脹，把自己看得太重要、太了不起。責任感太重的人，一肩想要挑起天下國家的重責大任。獨臂難挽狂瀾，到了不能承受負擔時，便心生憤恨、抱怨。

第五，我們的壓力，有時是因為老天要我們承擔的負荷太重。當然，負荷有時是自己加的。本來只能挑五十斤，卻要挑一百斤，怎麼挑得動呢？

第六，我們的壓力，有時也是因為好勝心太強，死要面子活受罪，凡事輸不起，都要爭第一。如果命都沒有了，還要什麼面子？

第七，我們的壓力，通常是來自智慧不足，判斷力不夠，處理事情時，不能分辨緩急、輕重，以致本末倒置。該急的不急，不必急的卻急著辦，當燃眉之急的事發生時，就會產生焦慮、焦躁、恐懼、不安。

第八，我們的壓力，也往往是因為處事的經驗不足，做事沒有計畫，不能未雨綢繆；走一步算一步，真要碰到問題，就一籌莫展。凡事都能有規劃，自然胸有成竹、信心十足，不會徬徨猶豫。個性猶豫的人，做事拿不定主意，就會很困惑、很煩惱。

壓力造成痛苦，解壓才能快樂，壓力的紓解是有方法的。歸納而言：

第一，提升抗壓能力。老天常常跟我們開玩笑，而且是開大玩笑。我們永遠不知道明天會不會發生什麼事？所謂「天有不測風雲，人有旦夕禍福。」萬一大難臨頭的時候，我們是不是有能力躲閃過去，我們不能不時存憂患意識。古人說：「人無遠慮，必有近憂。」真會下棋的人絕不是走一步算一步，而要能算計前三步、五步。我們不知道老天要我們承擔多少苦難，但是我們可以努力提升自己承擔苦難的能力。如果老天要我們承擔一百斤，我們只能承擔五十斤，當然就會被壓垮，如果老天只要我們承擔五十斤，而我們能承擔一百斤，五十斤的負擔就變得很輕鬆了。我們不要算計我們做不到的，我們要努力我們做得到的。每個人承擔壓力的能力不同，我們不能改變天氣而可以鍛鍊身體，身體強壯就不容易傷風感冒。

第二，有一名教授在教室和學生做一個實驗，把全班學生分三組，每個學生各自提著一個袋子，一組提十分鐘，一組提三十分鐘，一組提一小時，然後問學生袋子有多重？提十分鐘的學生說袋子有一公斤重，提三十分鐘的學生說袋子有三公斤重，提一小時的學生說袋子有五公斤重，其實所有的袋子都只有一公斤重量。壓力的大小，往往不是壓力本身，而是承擔壓力的時間的長短，時間愈長，壓力越大，所以學習暫時把壓力放下，也是良策之一。當書讀累了，起身走一走，喝杯茶，聽一段音樂，返身之後，精神就又回來；想不出答案的數學題目，暫時擱下，也許不經意的時候，答案就想出來。

第三，問題本身並不嚴重，往往是我們的想法使問題變得很嚴重。發生困難的時候，難免會手忙腳亂，徬徨失措，十分錯愕，最好先把心沉澱下來，看清楚問題的本質、真相，才不至於曲解、誤解、誇大、扭曲。如果壓力是不可避免的，就勇敢去面對、接受、處理、放下。

第四，放下不是放棄，放下也不是一次全部丟掉，而是逐一減輕負擔，先易後難，先簡後繁，先本後末。放下的意義，是割捨身上的多餘、沒有用的東西和思維，以便接受其他更有意義、更有價值的東西與思維。空杯才能裝水，空碗才能盛飯。因為無，才能有。放空自己，接納萬有。煩惱是因為想太多，把心放空了，人便自由了，快樂來自一顆自由的心靈。

第五，天下事一得一失，危機同時也是轉機，老子說：「禍兮福之所倚，福兮禍之所伏。」禍福是相依相成，一切的成敗、是非、善惡，也都是如此。因此，當我們放大心胸、放大眼界，從更高、更大、更遠處來看，一直令我們內心罣礙的事物，其實並不需要那麼費心、憂苦。另外，「不見廬山真面目，只緣身在此山中。」人在山中，見不到山的全貌，只有走出山中，回頭才能見到山的全景。每個人都是最好的參謀長，卻是最糟糕的總司令，事不關己，就能很平允客觀的分析建議；利害攸關之際，必然六神無主、捉摸不定。主觀的成見、偏見，會影響正確的判斷，面對壓力的時候，要跳開來，超越自己平常的心態。換一種環境，換一種心境，改變情境就能改變心境。

第六，人生的煩惱，往往是自找的，怨不了別人。英雄打落牙齒和血吞，誰捆住了你？是自己捆住自己。是自己捆住自己，也只有自己能解困、解脫。如何解脫？心有千千結，窗外有藍天，只要追根究柢，找出問題的癥結，就可以迎刃而解。再多的結、再繁雜的結，解開之後也只是一條長線。快樂不是擁有很多，而是要求很少。減低對物質的要求，減低對別人的要求，減低對自己的要求。要求不高，就很容易滿足。

第七，把危機當轉機，把阻力當助力，頭過身子就會過，永遠保持信心與希望。天黑到最黑就會開始亮，天一定會亮。凡事不輕言放棄，尤其不能放棄對生命的希望，有生命才有一切，只有活著才有機會。放下負擔，暫時休息，是為了走更長的路。

第八，和快樂的人在一起，你就會快樂；另外，要多讀有益身心靈的書。吃飯是為了維持生命，讀書是為了豐富生命。彌爾頓《失樂園》一書道：「意識本身可以把地獄造就成天堂，也能把天堂折騰成地獄。」凡是能有正向思考的人，就不會給自己添加不必要的壓力。

寬心、歡心，快樂做自己

捨得，才能放下。人生沒有捨不得的事，因為此身本非我有，塵歸塵，土歸土，人來自自然，終將回歸自然。人來的時候一無所有，人走的時候，也是一無所有，所有的執著、貪念、恚恨、怨怒、喜樂、歡心，在斷氣的那一剎那，全都要放下，全都會放下。人越早體悟生命的虛無空幻，越能放寬心胸，了無罣礙。

台北有家「寬心園」餐廳，到那裡用餐，侍者就會送你一張印著「寬心歌」的小卡片，歌詞是：「日出東海落西山，喜也一天，憂也一天。遇事莫鑽牛角尖，身也舒坦，心也舒坦。自食其力掙到錢，多也不嫌，少也不嫌。葷素搭配日三餐，粗也香甜，細也香甜。新舊衣衫都可穿，新也禦寒，舊也禦寒。住房條件不攀比，寬也安眠，窄也安眠。夫妻恩愛過日子，苦也心甘，甜也心甘。面對憂愁巧處理，日也樂觀，夜也樂觀。」十足表現平和的人生態度，隨遇而安，隨緣自在。

一個老和尚叫一個小和尚抓一把鹽放在一杯水裡，讓小和尚喝一口，問小和尚水鹹不鹹？小和尚說：「很鹹。」老和尚又叫小和尚抓一把鹽放在一個大水缸裡，讓小和尚舀一勺水喝，問小和尚水鹹不鹹？小和尚回答說：「不鹹。」小和尚若有所悟，感謝老和尚的開示。我們把心胸放寬了，原來以為很嚴重的問題，就會變得不嚴重；原來以為很大的事，變成了只是小事一樁。

放寬心胸，人生就沒有什麼好計較、好罣礙的了。我們常常只是為了一些芝麻小事和別人爭得面紅耳赤，心煩氣躁，傷心傷肝，如果能夠放寬心胸，就會知道實在沒有什麼事值得大動肝火，大傷和氣。一位長者的養生之道，一是忘了天下事，二是忘了天下人，三是忘了自己。連自己都忘了，還有什麼不能忘的呢？

中國古代人的人生智慧，總在告誡我們要謹守中庸之道，凡事偏了都不好。天道循環不已，人生的道理也是如此，即所謂「否極泰來」、「樂極生悲」。明末李密庵《半半歌》的歌詞，十分值得玩味，歌詞是：「看破紅塵過半，半之受用無邊。半中歲月幽閒，半裡乾坤寬展。半郭半鄉村舍，半山半水田園，半耕半讀半經廛，半士半姻民眷。半雅半粗器具，半華半實庭軒，衣裳半素半輕鮮，餚饌半豐半儉。童僕半能半拙，妻兒半樸半賢，心情半佛半神仙，姓字半藏半顯。一半還之天地，讓將一半人間。半思後代與滄田，半想閻羅怎見？飲酒半酣正好，花開半時偏妍，半帆張扇免翻顛，馬放半韁穩便。半少卻饒滋味，半多反厭糾纏，百年苦樂半相參，會佔便宜只半。」

人生百年，苦樂參半，苦在那裡？樂就在那裡。想的開的人，苦中求樂；想不開的人，人在福中不知福。幸福、快樂，原是不假外求，一心以為苦就是苦，一心以為樂就是樂。幸福與快樂，不是來自物質的滿足，而是內心的祥和。一顆安定的心、一顆知足之的心，就是一顆快樂、幸福的心。

05

無我才能放下

生命的意義與價值

人對理想的追求，是沒有古今中外之分。生而為人，到底人生的意義是什麼？到底人生的價值在那裡？往往是每個人吃飽喝足，午夜夢迴的時候，所會想到的問題。生命不只是一種存在，生命追求的是意義與價值。生命的意義是生命要有意義，生命的價值是生命要很有價值。所謂生命有意義，是指生命的存在，不只是活著而已。

每天眼睛一張開，就是一個新生命的開始，每天從早上醒來到晚上上床入眠，必須很清楚今天有那些該做的事？那些想做的事？那些能做的事？擴而言之，這個星期、這個月、這一年、這一生，會有那些該做的事？那些想做的事？那些能做的事？生命得來不易，不能空白浪費，因為每一天活得很精彩，這一生才能活得很光彩。至於生命價值的涵義，則是指我們的生命對別人有價值，這就是我們生命的價值。當兒女對爸、媽說有你真好，這就是爸、媽的價值；學生對老師說有你真好，這就是老師的價值；男女朋友對對方說有你真好，這就是情人的價值。

談到生命的理想，有人志在高山，有人志在流水；有人志在兼善天下，有人只求獨善其身。鐘鼎山林，各有天性，不可勉強。不管個人的志向是力爭上游或是甘於平淡？是擁抱群眾或是關懷自己？每個人都要先求得自己內心的安頓。立己才能立人，達己才能達人；泥菩薩過河，自身都已難保，那有能力去普渡眾生呢？

追求和諧快樂的人生、幸福美滿的生活，是每個人共同的願望。但是生活在二十一世紀的今天，為什麼很多人還是不快樂、不幸福呢？當今的社會比起過去，我們的物質生活已經非常豐盛，科技發達、交通便捷、資訊普及，吃的、住的、穿的、用的，都比過去富足多了，可是很多人的內心還是十分空虛，生活緊張而忙碌，擁有財富卻未必能享有財富，有物質而不一定有品質。

有人形容現在是一個狂飆的年代，是一個動亂的年代，是一個不安定的年代，是一個矛盾的年代，也是一個充滿衝突的年代。是正義與邪惡的衝突，是公理與私心的衝突，是純真與虛偽的衝突，是守法與脫序的衝突，人心更是時時刻刻在是非、得失、禍福、利害的衝突中。

人心的陷溺

老子著《道德經》五千言，是道家思想的始祖，老子在中華傳統文化中的地位，以至對全體中國人生活的影響，與代表儒家思想的孔子，有同等的重要性。《老子》第12章：「五色令人目盲，五音令人耳聾，五味令人口爽，馳騁畋獵令人心發狂，難得之貨令人行妨。」人類的的文明越進步，各種聲色犬馬的誘惑，就越是爭奇鬥豔。百貨公司、超級市場裡各種漂亮的服飾、珠寶、食物、日用品，五顏六色，令人看得眼花撩亂，「走過、經過，不要錯過」，各種美色、美味，都使人心動而且就要行動。

適度追求物質的享受，並不是壞事，奔波勞碌一輩子，當然是希望能過好日子，有富裕的生活。但是過度的奢華淫逸，未必有益健康，而企求超越自己能力的物質享受，更是痛苦的根源。

人生的痛苦，往往來自太多的欲望。什麼叫有錢？一方面是指有用不完的錢，一方面是指只有有限的錢。一個不滿足的人，再多的財富都嫌不足，何況人外有人，天外有天，你有錢，還有人比你更有錢。西哲史懷哲的母親告訴他說：「錢夠用就好，多了只是拿來炫耀別人。」我們只要能夠衣食不缺，心想事成，就是天下最幸福的人。財富、地位的追求，是永無止境的。

人從物質方面得到的滿足，是一時的、短暫的、無常的，人從精神方面得到的滿足，才是長久的、持續的、永恆的。生富貴而安富貴，生貧賤而安貧賤；有錢的人不必裝窮，窮苦人家也不必打腫臉充胖子，了解自己的需要與能力，過自己適合的生活。

名利很可愛，但不是唯一的可愛，人生有比名利更可愛的東西，如個人的健康、和諧的家庭、良好的人際關係……。人類的生活，不全是來自物質的享受，更為重要的是內心的愉悅。物質的享受往往只能給人感官上的刺激，好聽、好看、好吃、好玩。喜歡吃辣的人，愈吃愈辣；喜歡吃甜的人，愈吃愈甜。感官的刺激，愈演愈烈，終至狂亂而不能自拔。

天下事一長一短，窮人有窮人的苦，富者也有富者的苦；富者有富者的樂，窮人也可以有窮人的樂。我們可以羨慕別人的財富、權位，但是不必嫉妒，快樂做自己最為重要。

欲望太多、私心太重，是煩惱的根源

人生是個臭皮囊，每天要吃、喝、玩、樂，百年生命，就有無盡的需求。人餓了要吃，渴了要飲，今天吃飽了、喝足了，明天、後天，依然要吃、要喝，何況人生不只是吃飽喝足的需求而已，人在物質方面的欲望，是永無止境的。偏偏人生是有限的，我們只有有限的歲月、有限的體力、有限的財富，我們沒有辦法滿足所有的欲望，當欲望不能得到滿足時，便會傷心、難過、煩惱、痛苦。

人生的煩惱與痛苦，除了來自欲望太多，也來自私心太重。所謂私心太重，就是心裡只有自己，沒有別人，凡事只從自己的角度看待，不能也從別人的觀點出發，於是就容易發生利益的衝突，而產生各種爭執、糾紛。心裡只有自己而沒有別人，就是自私的人，一個只愛自己而不愛別人的人，怎麼會得到別人的愛呢？

做人不能沒有自己，做人不能只有自己，心裡有別人，是人格成熟的開始。小孩子人格不成熟，心裡只有自己，自己喜歡吃的東西，不會管到別人要不要吃？自己喜歡的玩具，不會想到父母有沒有能力買？大人求名、求利，錙銖必較，與人爭執，其實也是人格不成熟的表現。

另外，一個人心裡有了一個我，就有了你、有了他，有了分別心，就會比較、計較。很多人不是不服輸而是輸不起，時時與別人比較、計較，處處與別人比較、計較，事事與別人比較、計較，於是難免和別人發生衝突、紛爭，惹出是非、禍患，傷己傷人。當然，人不為己，天誅地滅，沒有一個不愛自己的人會去愛別人。愛人從自愛開始，唯自愛者能有所愛，唯自愛者才有能力愛人，唯自愛者才有條件被愛，自愛不是自私而是自尊自重。

儒家思想最可貴的地方，是推己及人的工夫。「老吾老以及人之老，幼吾幼以及人之幼。」從敬愛自己的老人家，推而去敬愛別人的老人家；從疼惜自己的小孩，推而去疼惜別人家的小孩。「己立立人，己達達人。」自己立業了也要幫助別人立業；自己成功了，也要幫助別人成功。愛從自己出發，這是最合乎人性的。

至人無己、神人無功、聖人無名

《莊子．逍遙遊》：「至人無己，神人無功，聖人無名。」何謂「至人無己」？所謂「無己」，就是解除於一己之我執。人常常執著於一己所見、所聞、所思，所以不能與萬化冥合，不能乘御天地萬物的自然變化而遨遊於無窮無盡的自由世界。

何謂「神人無功」？簡單的說，就是神人不求事功。根據《莊子・逍遙遊》的描述：「藐姑射之山，有神人居焉，肌膚若冰雪，綽約若處子。不食五穀，吸風引露，乘雲氣，御飛龍，而遊乎四海之外。其神凝，使物不疵癘而年穀熟。」莊子所描述的神人，是「物莫之傷，大浸稽天而不溺，大旱金石流土石焦而不熱。」這樣的神人，是「將旁礴萬物以為一世蘄乎亂，孰弊弊焉以天下為事？」

至於「聖人無名」，莊子舉堯要讓天下於許由，許由不肯接受，因為「天下」的名份對他沒有意義。

心齋、坐忘

莊子的「至人」、「神人」、「聖人」，都是遙不可及的理想。不過，一個人只要能做到「心齋」、「坐忘」，虛己而不自用，自能隨物變化，不受物累，而與造化同遊。齋是物忌，像飲酒、茹葷，是祭祀時的物忌。「心齋」是心的戒忌。《莊子・人間世》顏回問孔子：「敢問心齋？」孔子回答說：「若一志，無聽之以耳而聽之以心，無聽之以心而聽之以氣。聽止於耳，心止於符。氣也者，虛而待物者也。唯道極虛，虛者心齋。」孔子的意思，是我們不能只用耳朵聽、只用心聽，而要用氣來聽，把耳、心的功能都去掉，就能與大道通。所以，所謂心齋，就是讓心保持一片空靈，沒有雜慮。物欲足以迷心，能去物欲，始為心齋。心齋，就是無己，沒有感覺自己的存在。

人世間的事物，千變萬化，疲於應付，唯無心而不自用，才能隨物變化而不受其累。所謂「聖人之心如明鏡止水，物來不亂，物去不留。」「坐忘」的意思，就是離形去智。《莊子・大宗師》：「顏回曰：『墮枝體，黜聰明，離形去知，同於大通，此謂坐忘。』」「墮枝體」，就是離形；「黜聰明」，就是去智。一個人能夠離形、去智，也就能達到無己的境界。無物無我，無彼無此，一片虛空，自然就無是非利害。

人就是人，欲望與人俱生。欲望有好的欲望，也有壞的欲望，好的欲望，激勵人心向上奮鬥，壞的欲望誘導人心向下沉淪，但是不管好的或是壞的欲望，都要有節制。即便是好的欲望，追求不止，疲於奔命，也會造成人的煩惱、負擔；至於壞的慾望，更不能沉迷流連，否則就無以自拔。

欲望是不能避免、斷絕，所以老子只告訴我們要「少思寡欲」，孟子則說：「養心莫善於寡欲。」只能減少欲望，而不能滅絕欲望。人的存在，必然有「我」的觀念，因為有「我」，才會覺醒，才會有自我意識，才能體認自己的生命意義與價值，才能自覺自己和別人不一樣的地方，才能確認自己生命的莊嚴、生命的獨特性。有「我」的觀念，並不是錯誤，但是不能只有「我」，這個世界本來除了「我」，還有「你」，還有「他」，還有「你們」，還有「他們」，學習尊重別人，是人生的第一堂課。尺有所短，寸有所長，我們認識了別人，各有各的優點和缺點，我們不必自卑，也不能驕傲。別人的優點，值得我們學習；別人的缺點，值得我們借鏡。我們不需要嫉妒，也不必去比較、計較，努力做好自己。

有了「我」的概念，就有了分析、比較的能力，也有了各種的需求。美國心理學家馬斯洛提出人類的五大需求：一是生理的需求，二是安全的需求，三是愛的需求，四是被尊重的需求，五是自我實現的需求。只要是合理的需求，都值得肯定、接納，所以，「無我」並不是「我」什麼都沒有，或是什麼都沒有「我」，就像說「放下」，並不是什麼都要放下，而是該放下的才放下，不該放下的還是不能放下。

無我就能放下

《莊子》書中有一個故事，有一天，莊子晚上睡覺做夢，夢中化為一隻蝴蝶，逍遙自在的飛翔，醒來以後，悵然若失，不知道是自己夢為蝴蝶，或是蝴蝶夢為他。我們都有作夢的經驗，日有所思，夜有所夢，在夢境中往往是現實的解脫，現實中不能實現的理想，在夢裡逐一呈現。因為脫離了現實，所以得到了美化。

無我，從另一個角度而言，其實只是忘我。台灣口足畫家謝坤山十六歲時不幸遭到電擊，喪失雙手、右腿，右眼也喪失視力，因為不放棄努力而成為有名的口足畫家。記者問他會不會因為沒有手、沒有腳而感到行動不方便，他回答說：「不會呀！老天把沒有用的都拿走，留下的都是有用的。」他忘了他沒有的，而充份發揮他擁有的，他忘記沒有手腳的痛，而享受擁有成功的喜樂。

我們常常因為執著於一個「我」字，徒增許多煩惱和痛苦。因為把「我」看得太重，就放不開心結，卸不下包袱。一個人能忘了自己的好、忘了自己的壞，忘了自己的得、忘了自己的失，自然能夠海闊天空，逍遙自在。空才能接納萬物，因為無而能有。有一句俗諺：「把自己縮小，世界就放大。」

別執著於一個「我」字，我只是一個小小的個體，把個人有限的生命融入無窮的社會生命，個人才得以無限擴大。個人的恩恩怨怨、得得失失，在無限放大、擴大之後，就不足罣礙，人也就自由開朗了。

06

轉念才能放下

不是路已走盡，而是該轉彎了

有一個商人生意經營不善，公司倒閉，虧欠員工和廠商數千萬元，一時想不開，想去跳河自盡。當他走到河邊的時候，看到一個年輕的女子愁容滿面，也想投河輕生。商人問年輕的女子為什麼要自盡？女子回答說：因為男友移情別戀，她想不開，不想活了。商人問女子在沒有男友之前，她怎麼活的？為什麼以前沒有男友可以活得好好的，現在沒有男友就活不下去？一句話點醒了女子再生的勇氣，而這句話也點醒了商人自己，以前沒有賺到錢不也活得好好的嗎？現在賠了錢不也一樣可以重新開始嗎？

「不是路已走盡，而是該轉彎了。」山窮水盡疑無路，柳暗花明又一村。每個起心動念，都是改變人生的引信，我們的一生會更好或更壞，往往就在瞬間產生的念頭，一念為生，一念為死，不可不慎重。

轉念就能改運

追求幸福快樂的人生，是每個人共同的願望，但是每個人的能力不同、機運不同，不是想做大官的人就能心想事成做大官，不是想賺大錢的人都能順心如意賺大錢。為了追名、逐利，每個人都要拼命、賣命，勞心勞力，付出慘痛代價。就算努力有了成果，擁有盛名厚利，恐怕也得不償失，傷害個人的健康、家庭的幸福、朋友的情誼。何況多半的時候，是事與願違，賠了夫人又折兵，名利得不到，家庭與個人的幸福、快樂，他全部被犧牲掉。

人生的旅途，不會一直順遂的，人生的道路，高高低低，起起伏伏。人的一生，困難是難免的，挫折是難免的、失敗是難免的，目標越遠大，可能遇到的困難、挫折、失敗就會越多。路途越遠，遇到紅燈的機會就越多；我們走在路上，很難得一路都是綠燈。

有一年我應邀去馬祖演講，從台北市和平東路一段台灣師範大學坐計程車到松山機場搭飛機，運氣好，一路都沒遇到紅燈，心裡正在高興可以少付一些車資的時候，到了松山機場候機室，赫然看到機場走馬燈顯示馬祖霧太濃，飛機不能起飛！

真實的人生，有得有失，有禍有福，得失互見，禍福相依。面對日常生活中來自四面八方的問題、挑戰、挫折、壓力，很容易就引發憤怒、悲傷、焦慮、緊張、失落、煩惱等等負面的情緒。負面的情緒，會影響我們的生活品質，也會影響我們的身心健康。要想過好生活，就要有好心情。轉念是改變人生的智慧，轉念是扭轉逆境的能力；轉念是改變心態，在黑暗中看見光明，在失敗中看見希望。任何阻擋在我們面前的障礙，只要心境通順暢達，自由流轉，就不會造成任何的阻礙。

逆境是老天對我們的考驗，逆境是激勵我們更上層樓的砥石，我們要在順境中學習感恩，在逆境中學習感謝，感謝老天給我們磨練心志能力的機會。負面情緒，如生氣、憤怒、憂傷、頹喪，只會增加身體與心理的傷害，是為失敗、挫折多支付的利息。面對失敗、挫折，不是自暴自棄，就是奮發向上。念頭轉個彎，萬事都過關，只要心不死，人永遠活著，活著就有希望，活著就有力量。

成也自己，敗也自己。一個人要成、要敗，全看自己一念之間、一念之轉。遇到困境，別急著說別無選擇，別以為世間事只有對與錯、是與非，許多事情的答案不是只有一個。天無絕人之路，除非自己放棄，否則一定有路可以走。面對不平順的人生，我們可以找理由難過，也可以找理由快樂。天冷不是冷，心寒才是寒，哀莫大於心死，轉念讓我們絕處逢生，轉念是一種領悟、體悟與醒悟。

執迷所以放不下

思想是一種習慣，很難改變。我們對生命的追求，不管是物質上的或是精神上的，不管是生活上的或是感情上的，常常以假為真，常常執迷不悟。很多人不知道自己有什麼、沒有什麼？自己要什麼、不要什麼？自己該要什麼、不該要什麼？只是跟著風氣，隨著潮流，別人要什麼，自己也要什麼；別人有什麼，自己也要有什麼，而不管自己是否需要、適用。因為愛計較、愛比較，丟不起面子，就不在乎自己是否有能力、有條件去追求別人所追求的東西，不知止、不知足，所帶來的禍害是無止境的。不知止、不知足，可以說是一切痛苦的根源，因為不知止、不知足，就會執迷不悟、捨不得放下，而帶來煩惱、苦難。

口渴，大家要的是水，杯子只是裝水的工具，可是很多人只注意杯子的漂亮，卻忽略水的品質。生活是水，工作、金錢，社會地位……，只是盛水的杯子。我們常常捨本逐末，把心思花在杯子的選擇，而沒有心情去品嚐水的甘甜。幸福的真諦，不在於我們擁有多少東西，而在於我們對所擁有的東西的感覺。我們想要的東西，已控制我們的生命，我們卻常常不自覺。一位百戰沙場的將軍喜歡收藏古董，有一天不小心差一點把一個玉杯打破，幸好他即時撿起來，卻也驚嚇不已。他心想數十年的征戰，出生入死，一點都不害怕，為什麼一個玉杯就讓他驚嚇了呢？因為擔心玉杯被打破，心情被玉杯操縱了，所以才吃驚受怕。

想得透，卻看不破。很多人都知道要改變心境、轉換心情的跑道，要做自己生命的主人，不願意跟隨別人的腳步起舞，不要讓別人的行為影響自己的心情，可是就是改變不了。為什麼改變不了？因為吃的苦還不夠；吃夠苦了，就會想辦法改變。手裡拿著裝熱開水的杯子，手被燙傷、燙痛，自然就會放下杯子。

人生的痛苦，有的是外力所加，有的是內在的心理因素。歷經苦難的人終究會體會到孤獨、寂寞、生病、傷害，都是人生不可或缺的調味品，只是量多量少而已，善待它們，才能善待人生。另外，一個人要上路遠行，行李越少越好，裝扮越輕鬆越好，東西太多，就拿不動、走不動了。我們想要的東西很多，需要的東西很少，越少要求的人，越是接近快樂的人。

壓力就是甜點

英文有一句諺語：「stressed is just desserts if you can reverse.」「壓力就是甜點，只要你能逆向看。」人生有許多的壓力和煩惱，只要轉個念、換個角度看，把壓力當作成功的動力，壓力就是成功的甜點。我們用不同的角度去看待人生，就會有不同的新發現。所以，我們不是要期待暴風雨的遠離，而是要學習如何在暴風雨中翩翩起舞。如果老天給我們一大片碎玻璃，我們要想辦法編織成一雙跳芭蕾舞的水晶鞋；如果老天給我們一大堆不同顏色的碎布，我們要能開一間染房。生命沒有如果，只有事實。很多人只是寄望在不可知的「如果」，「如果我有錢，我就能怎樣」、「如果我漂亮，我就能怎樣」，所以永遠活在失落、失敗之中。逆境之中好修行，我們要勇敢面對而不是選擇逃避。

轉念是一股強大的力量

轉念不是逃避，而是換一種方式的承擔；轉念不是放棄，而是轉進；遇到逆境時，有人選擇棄械投降，有人選擇奮戰到底。一個人的心志決定一個人的命運，能夠轉念，才能突破困境；能夠轉念，才能夠破繭而出。闖過關之後，回頭再看挫折，卻都是禮物，上天給我們的壓力都有意義。

轉念是一種對生命的愛，是一股超越失敗的力量，轉念是意義的重塑(reframing)，是我們對問題的全新詮釋。生命中最壞的情景是死亡，走出生命的幽谷，就是給生命的缺口找出口。每個隧道都有出口，生命也是如此，只有自己會把自己逼進死胡同。任何的問題就像圓錐體，你可以鑽牛角尖，你也可以海闊天空、自由翱翔，轉念是走出困境的唯一途徑。

轉念不是懼怕、不是怯弱，而是開創、勇敢，是對生命之愛的昇華，是為苦難的人生開啟希望之窗、幸福之門。轉念是信念的改變，一個人的信念是很難改變的，但是只有轉念才能敞開幸福之門，開啟希望之窗，建立信心，產生力量。轉念啟動改變的力量。心志決定命運，觀念改變，態度就改變；態度改變，行為就改變；行為改變，習慣就改變；習慣改變，個性就改變；個性改變，生活就改變；生活改變，人生就改變。轉念是一種心志的訓練，轉念就是轉移心志的目標，轉苦為樂，轉悲為喜。

轉念是我們對問題的另一些看法，在人生的轉角處，看見幸福，看見快樂，看見人生的美麗風景。轉念就是在生命的轉彎的地方，面帶微笑，樂觀以對，永遠懷抱信心、希望與愛。改變一生最重要的一句話就是「轉念」。

轉念就能放下

《轉念》是達賴喇嘛很重要的人生智慧經典，在這本書中，達賴喇嘛很清楚地教導我們每一天都要培養智慧和慈悲心，以平衡的心態面對自己與他人，而且發揮積極的思考模式，訓練自己的頭腦與思考，以改變自己的生活與周遭人的生活，且將負面的情境轉換為心靈成長的契機。

生命是不斷在學習、成長，能夠帶領我們走過一道道人生關卡的，就是轉念所帶來強大無比的力量。山不轉，路轉；路不轉，人轉；人不轉，心轉。我們處理事情，硬碰硬，往往玉石俱焚，兩敗俱傷。退一步海闊天空，轉個彎，世界更寬廣，轉念是改變一生的智慧。

人生有很多的罣礙，讓我們寸步難行，動輒得咎。很多人都想要放下人生的罣礙，輕鬆以行，但是卻放不下來。有些人是身上的痛還不夠痛，夠痛了就會放下，但是聰明的人是不必等到痛就會放下。放下是為了找到快樂，培養智慧和慈悲。轉化心念才能放下。

轉化心念就能放下，因為轉化心念就能找到快樂，培養智慧與慈悲。人生這齣戲，是悲劇或是喜劇，關鍵在於一念之間，能轉念不能轉念而已。能轉念的人，才能自我超越，追求成功的人生；能轉念的人，才能坦誠面對、勇敢承擔人生的得失禍福，調整腳步，重新出發。當爬起來的次數比跌倒的次數多的時候，就是生命的勇士！成功的鬥士！

很多人放不下，是因為不忍與不捨，如果轉個念，就會發現人生沒有放不下的事。生命是一連串的選擇，生命是一連串的提起又放下，因為貪念，我們希望活久一點、活好一點、得到多一點，轉念讓我們明白「多則惑」、「禍莫大於不知足，咎莫大於欲得」。凡事適可而止，則「知足不辱，知止不殆」。轉念讓我們對生命有更豁達的看法，轉念讓我們的心智更為澄明、清朗。唯有如此，我們才能放得下

——放下生命的多餘，回歸生命的本質。

07

果斷才能放下

果斷是成功者的人格特質

古今中外所有成功的領導者都有一個共同的人格特質，就是具有果斷的能力，沒有一個優柔寡斷、猶豫不決的人，會是一個成功的領導者。我們在每天的生活中也常常要做許多的決定，這些要做決定的事，有的很瑣細，有的很重要。前者如穿什麼衣服赴約會？用餐時間，到底要吃中餐或是吃西餐？要去那家餐廳用餐？這些問題如何做決定，雖然不會對生活有太大的影響，但是也往往頗費思量。至於選擇念書的學校、選擇工作、選擇結婚對象，對我們一生的幸福，就會有深遠的影響，不能不謹慎。

我們每天幾乎都要接受許多的考驗，考驗我們對處理事情的決斷能力。天下事有一方面的好處，就會有另一方面的壞處，禍福相伏相倚。有的事從近程看是好，從遠程看卻不好；有的事從近程看並非有利，從遠程看卻是有利，取捨之間，並非易事。不管是大事或是小事，重要的事或是微不足道的事，都要能夠當機立斷，做最明智、最正確的決定。

面對任何事情，我們都不應該莽撞遽做決定，以免逞一時快意而遺留終身遺憾。感情用事常會誤事，我們必須抱持理智的態度，冷靜分析，慎思熟慮，做最有利的選擇，做最少傷害的抉擇。人生的每個抉擇，都是一次又一次的賭注，輸贏之間，難以預料。細小的事、影響不大的事，比較容易做決定；重大的事、影響深遠的事，則很難馬上做決定，平時除了努力培養自己果斷的能力，還要虛心請教父母、師長、朋友、專家，參考別人的智慧與經驗。

培養果斷的能力

果斷的能力，一部份來自天賦，一部份來自學習。性格決定命運，個性優柔寡斷的人，做事三心兩意，腳踩很多艘船，什麼都想要，結果是什麼都要不到。棒球好手王建民談他的成功之道，就是努力投好每一個球。每一個球的投出，都是全心全意，全力以赴，不會心存僥倖等待下一次的機會。輕易改變決定的人，朝三暮四，反覆不定，不會是成功的人；會改變第一次，就會改變第二次、第三次。沒有任何事可以一改再改而成功的，何況我們常常沒有機會可以一改再改，人生的演出都是現場實況轉播，而不是一再NG。如果我們不養成果斷的好習慣，在需要做決定的時候，當機立斷，明快果決，就會錯失許多成功的契機。

不經一事，不長一智，人生的經驗，多半是從失敗、挫折中體悟出來。沒有天生的贏家，不怕失敗的人，才有機會成功。人生的道路，不會一直平坦，處順容易處逆難。在逆境中能夠屢仆屢起，越挫越勇，除了要有堅強的意志，更要能夠培養良好的思維判斷習慣，在緊要關頭做出最好的抉擇。有些人做一事後悔一事，說一句話後悔一句話，都是因為事先沒有縝密的思考，輕率行動、說話。與其事後後悔，不如事先周密分析判斷，利取其大者，害取其小者，才能得到最佳的勝算。

兩難之間，當機立斷

人生的痛苦很多，對事情難做決定，也是痛苦的根源之一。當斷不斷，反受其亂。任何事情都是得失互見，我們往往只見其一，不見其二；只見其利，不見其弊。處理事情的正確態度，是要能夠全面周詳的看待，執簡馭繁，抓住問題的核心，分析利弊得失。

有捨才能有得，總要付出才有回報，贏面大的就要去做，贏面小的就不要去做，而贏面的大小，不全是從利的角度來看，更要從義的角度來看。該做的事才做，不該做的事就不要做。做人做事的原則，要能夠掌握本末、輕重、緩急、先後，「物有本末，事有終始，知所先後，則近道矣。」道，就是做人做事的原理、原則。我們所以會有兩難，是因為分不清楚何者為本？何者為末？何者為輕？何者為重？何者該緩？何者該急？何者該先？何者該後？做事亂了步調，做人亂了分寸，當然就會有許多疑慮、煩惱、痛苦。

果斷的能力，來自敏銳的觀察與判斷，也來自強烈的決心與毅力，最重要的是心要有所主，心要拿得定主意。心有所主則不惑，心有所主才能有定向、定見、定力，凡事不會疑惑不定，而知所取捨、進退。

人生沒有放不下的事

生命是無可取代的，有生命才有一切，生命沒有了，名利、家庭生活，全都沒有意義。很多人都知道煩惱是痛苦的根源，而所以會有煩惱，是因為壓力太大。當個人的壓力大到無法承擔時便會崩潰，便會造成生理、心理的疾病，甚至嚴重到喪失寶貴的生命。在生命與名利之間，當然生命比名利重要；生命與愛情之間，當然生命比愛情重要。

有生必有死，這是宇宙不滅的定律。人從出生就開始走向死亡，人生之旅有長有短，遲早都要走到終點。生命沒有了，什麼都沒有了，早放下、晚放下，人生遲早全都要放下，想通了、想開了，人生那裡還會再有罣礙呢？

既然人生沒有放不下的事，為什麼很多人還是非常執著？還是心存貪念？論其原因，主要是因為個性柔弱，內心矛盾，猶豫不決，想要解除痛苦而又抱著痛苦不放。人生最珍貴的是什麼？為人處事應該如何掌握本末、輕重、緩急、先後？如果急其所緩，緩其所急，本末倒置，先後失序，便要章法大亂，脫軌脫序。

人生沒有過不去的事情，只有過不去的心情。我們能明白人生沒有放不下的事，就不會再執著於非要不可的事，再執著於不忍放下的事。放下的真義，並不是一次全部放下，也不是現在馬上全部放下，只要還有生命的存在，便還有很多不能放下、不必放下的東西，而且所謂放下，是指放下該放下的東西，放下沒有用的東西，放下為了使生命更完美、更自在、更愉悅，而不得不放下的東西。快樂是人生第一要義，凡是讓生命不得快樂的東西就該放下。把所有讓生命不能快樂的東西全都放下，人才能夠幸福快樂。

佛家講人生八大苦，生苦、老苦、病苦、死苦、求不得苦、愛別離苦、怨憎會苦、五蘊盛苦。人生真是有很多煩苦。那麼，要如何離苦得樂呢？生、老、病、死是人生的常態，要勇於面對、承擔。身體之苦要注重保養，心理之苦要注重調養，參透人生的無常，保持一顆清明寧靜的好心情。放下執著，轉念包容，心存歡喜、感恩、感謝，人生充滿喜樂、歡欣、愉悅。

果斷的人是智者、仁者、勇者

孔子說：「智者不惑、仁者不憂、勇者不懼。」為什麼智者不惑呢？智者灼見事理，對事物有明確的看法，能夠分辨是非、善惡、得失、禍福，以為立身處世的原理原則，故不惑；為什麼仁者不憂呢？仁者宅心寬厚、善待別人，就算被別人欺侮、佔了便宜，也不會斤斤計較，不與別人為敵，故不憂；為什麼勇者不懼呢？勇者見義勇為，當仁不讓，一夫當關，萬夫莫敵，雖千萬人吾往矣，義無反顧，勇往直前，故不懼。

果斷的人，當機立斷，為所當為，不為所不當為，當然是要有智慧的人。人生有智慧，才能對事理有通達的看法，知道人生不會是十全十美，知道人生禍福參半，所以，果斷的人不會求全責備，而有充分的智慧做最好的抉擇，凡事不會貪求，也不會猶豫不決。

果斷的人，對事物有圓融通達的看法，能夠以一顆寬大的心包容人生的殘缺，像仁者一樣，寬厚慈悲，善待自己，寬待別人。煩惱的產生，來自壓力與負擔。家裡太多的雜物，即便所費不貲，也要捨得清理、丟棄，才不會堆積成為累贅。滿頭亂髮顯得消沉頹廢，沒有精神氣力，修剪之後，立刻神清氣爽，氣色飛揚。我們在人生大道要能夠輕鬆以行，一方面要減輕自己的肥胖體重，一方面要放下過多的包袱行囊。果斷的人懂得割捨放下，把自己多餘的財富、時間、體力拿去幫助別人，利人又利己，既幫助了別人，也幫助了自己。

勇氣有血氣之勇，有志氣之勇。逞強鬥狠是血氣之勇，堅毅果敢是志氣之勇。孟子說：「自反而不縮，雖褐寬博，吾不惴焉？自反而縮，雖千萬人吾往矣！」反省自己，覺得自己理虧，雖是一般老百姓，我們心裡也會不自在；自認為理直，就是有千萬人，也會勇往直前。志氣之勇是大勇，匹夫之勇是小勇。勇者不懼，不只是不懼生死，也是指不懼強權、惡勢力。果斷的人不是逞一時快意，而是經過明智的抉擇，堅持做對的事，堅持把對的事做得更好，不受威脅利誘，不受情牽物累，不合禮的事，勿視、勿聽、勿言、勿動。所以，果斷的人是智者、仁者、勇者。

懂得割捨是人生的智慧

以前我們生活在貧窮的年代，沒有東西吃，父母常會要求我們早一點睡。因為睡過一天，就多活一天。在沒得吃的年代，有得吃就好，現在有得吃了，就要求吃飽、吃好、吃巧，還要講求氣氛、情調。

我們常常因為要求太多，不能得到滿足，所以很痛苦，懂得不要求的人，才是快樂的人。做人很難不要求，但是可以少要求。人生也常常處在兩難之間，魚與熊掌難能兼得，左右為難，瞻前顧後，就會錯失良機。面對利害、得失，我們都知道要利取其大者、害取其小者，得取其多者、失取其少者，但是什麼是真正的利、真正的害？什麼是真正的得、真正的失？很多人沒有能力、沒有智慧去分辨清楚，就會做出錯誤的判斷。

天下事一得一失，禍福相倚相伏，從短程看是利，從長程看可能未必是利，我們不能太近視短利，瞻前而不顧後，我們更不能只談利不談義。我們做任何事，只問該不該做，而不是問有利沒利？生命追求的是價值而不是價格，人不是物，不是只看價格高低，而是看價值大小。所以，整體而言，我們應該要很清楚，生命的本質是什麼？如果在生命中只能剩下最後的選擇，我們要選擇什麼？如果在生命中必須放棄一些需求，我們先要割捨的是什麼呢？

工作是為了生活，很多人卻因為工作犧牲生活，人生是一條悠悠不盡的天涯路，我們應該非常理性、理智的知所取捨，而且勇於果斷。一捨一得，能捨能得，難捨處能捨，才能在難得處有得。

08 淡定才能放下

淡定是一種很高境界的修養

最近非常流行「淡定」一詞，什麼叫「淡定」？淡是平淡，對於任何事情，不管是天下大事或個人身邊瑣事，全都以平淡的心看待，所有得意的事、失意的事，也都能用平淡的態度處之泰然。定是安定，泰山崩於前而面不改色，不管發生任何事，都能夠處變不驚，從容篤定。淡定是一種很高境界的精神修養。

淡定紅茶的故事

台灣網路曾流行一則淡定紅茶的故事，有一天在一家餐廳，一對男女朋友鬧分手，女生歇斯底里的抓狂哭鬧，男生卻在一旁慢條斯理地吃他的三明治，還問女生要不要喝紅茶。沒多久，這則故事流傳開來，飲料店的紅茶，也變得非常熱賣。男女情侶吵架是時有的事，問題是女生在大哭大鬧之際，那位男生居然還能非常鎮靜，照喝他的紅茶，照吃他的三明治，這樣子的修養，可不是一般人做得到的。

相傳在大陸福州市也曾發生一件非常淡定的事。一個年輕人騎機車撞上公車，整隻左腳被卡在公車的擋泥板內，雖然血流如注，他卻神色自若，十分悠閒的打手機等待救援。

台灣名作家琦君女士形容她先生為人處事十分淡定，「即使後面有老虎追來，還會回頭看是公的？或是母的？」文人的筆，總是喜歡誇張。

淡定是生活的修養

清鄭板橋〈竹石〉詩：「咬定青山不放鬆，立根原在破巖中。千磨萬擊還堅勁，任爾東西南北風。」竹子為歲寒三友之一，前兩句寫竹子牢牢咬定青山，把根深紮在破裂的岩石中，後兩句則描述竹子雖然受到千萬種磨難打擊，依然堅韌挺拔，不管來自東南西北方向的風，都不能把竹子吹倒。詩人雖然是在讚美竹子堅定頑強的精神，卻也在形容讀書人應有的骨氣和操守。而從另一角度而言，正因為能夠堅持，所以能夠淡定。人生難免也會有各種風風雨雨的打擊、挫折，能夠經歷苦難、飽嚐風霜的人，最後才能領悟出淡定的人格修養，就像北宋才子蘇東坡，因為懷才遭忌，一生多次被貶謫。〈定風波〉一詞：「莫聽穿林打葉聲，何妨吟嘯且徐行。竹杖芒鞋輕勝馬，誰怕？一蓑煙雨任平生。　料峭春風吹酒醒，微冷，山頭斜照卻相迎。回首向來蕭瑟處，歸去，也無風雨也無晴。」即於被貶謫黃州時所作。出遊遇雨而無雨具，就隨緣自在，吟嘯徐行。最後三句尤為精彩。「回首向來蕭瑟處，歸去，也無風雨也無晴。」只有具備大智慧，能夠大解脫的人，看待人生的潮起潮落，才能如此淡定、灑脫、豪邁。

另外，南宋蔣捷〈虞美人〉一詞：「少年聽雨歌樓上，紅燭昏羅帳。壯年聽雨客舟中，江闊雲低，斷雁叫西風。　而今聽雨僧廬下，鬢已星星也。悲歡離合總無情，一任階前，點滴到天明。」人生三個階段，少年不識愁滋味，為賦新詞強說愁，整天在歌樓酒榭之中，不知人生疾苦。中年人為了家庭、事業、功名利祿、奔波勞碌，浪跡江湖，如同離群的孤雁，在西風中悲鳴，充分顯現中年人的悲哀寂寥。到了老年，一切悲歡離合、恩恩怨怨，全都看破看透，回歸淡定的生活。

王國維《人間詞話》提出人生三境界。「古今之成大事業、大學問者，必經過三種之境界。昨夜西風凋碧樹，獨上高樓，望盡天涯路。此第一境也。衣帶漸寬終不悔，為伊消得人憔悴。此第二境也，眾裡尋他千百度，驀然回首，那人卻在燈火闌珊處，此第三境也。」人生三個境界，總在最後「驀然回首」，年過六十才知道五十九年之非。

寵辱不驚

《老子》第13章：「寵辱若驚。」什麼叫「寵辱若驚」？老子解釋說：「寵為上，辱為下，得之若驚，失之若驚，是為寵辱若驚。」寵是尊寵，辱是羞辱，在世人的心目中，寵為上，辱為下，得到尊寵就覺得很顯貴，得到羞辱就覺得很丟人，不管是尊寵或是羞辱，得到時很驚恐，失掉時也很驚恐，即所謂患得患失的心理。

人心本來像是一潭平靜的池水，因為各種得失、禍福的刺激，就讓平靜的心湖激起陣陣漣漪，甚至掀起洶湧波濤。我們看金鐘獎、金馬獎等各種頒獎典禮，當頒獎人宣布得獎名單時，得獎人聽到得獎的當下，都是充滿驚喜的表情，這就是「得之若驚」；而聽到落榜時的剎那，臉上流露失望的表情，也就是「失之若驚」。

一個人的修養，能夠到達「得意事來，平淡視之；失意事來，平淡視之」的境界，是很不容易的，只有飽嚐人間冷暖，經歷各種苦難的考驗，水裡來，火裡去，出生入死的人，才能看透、看破一切的得失、禍福。

生命是一連串失失得得的過程，人生的堅持、執著，往往要到臨終之前才能醒悟，萬般都是空幻、虛無，唯有最平實的生活，才是最真實的生活。

孟子四十不動心

孔子自述：「三十而立，四十而不惑。」孟子自述「四十不動心」。所謂「不動心」，是氣定神閒，從容不迫，明辨事理，不為外界的是非、名利所惑所苦。

不動心，不是不去動心，而是心不為所動；不去動心，只是消極的態度，如《孟子》書中告子的「不得於言，勿求於心；不得於心，勿求於氣。」不中聽的話，不放在心上；不契合的事，不要去動氣。

不去聽、不去看，不表示事情不存在，「不得於言，勿求於心；不得於心，勿求於氣。」只是逃避問題，不敢面對問題。不是認為沒有問題，就沒有問題，問題不會自己消失，只有勇敢面對，勇敢承擔，把問題解決才沒有問題。孟子「持其志，無暴其氣。」是勇敢面對問題，努力去解決問題。一個人沒有煩惱，有的是不知道什麼叫煩惱，有的是能夠超越煩惱，不以煩惱為煩惱，所以沒有煩惱。

孟子為什麼能不動心呢？宋儒程子說：「心有主，則能不動矣！」孟子一生的職志，以繼承堯、舜、禹、湯、文、武、周公、孔子自居，提倡性善．主張王道，目標非常明確，而且能夠擇善固執，一以貫之；心無旁騖，當然就不會被外界的是是非非所動心。

人生所以有疑惑，是因為對事物的真相看不清楚，是因為自己沒有定見，心無所主。心有所主，就不會徬徨失措，跟著外界的風風雨雨而翩翩起舞，以致喜怒不定，苦樂無常。

生活淡中有味

談淡定，聯想到蘇東坡和佛印的一則趣譚。佛印的廟在長江北岸，東坡住長江南岸。一日東坡過江拜訪佛印未遇，留下一詩：「稽首天中天，毫光照大千。八風吹不動，端坐紫金蓮。」佛印回來後見此詩，批一屁字，叫人送給東坡，東坡很生氣，操舟過江理論。佛印笑說：「八風吹不動，一屁過江來。」面對人生種種的挑戰、挑釁，我們不也常常憋不住氣而做出可笑又可氣的事嗎？

追求淡定的人生，就要從不貪不急著手，而且要勿驕勿躁。一位哲學家在樹下休息，驕傲的國君經過他的身邊，問說：「哲學家，有什麼可以幫你的嗎？」哲學家回答說：「國君，你唯一能幫忙的就是請你讓開一點，不要遮住我的陽光。」人到無求品自高，哲學家氣定神閒，非常淡定，國君的尊貴並不是他羨慕的對象。

淝水之戰，東晉以八萬兵力打敗號稱百萬雄兵的前秦八十萬人馬，當捷報傳回首都健康的時候，宰相謝安正跟朋友下棋，他隨意看過軍報，便擱置一旁，繼續下棋，似乎一切皆在意料之中，十分的篤定。然而，下完棋步入室內，過門檻時，木屐屐齒碰斷了而不自覺，可見內心仍是起伏不定，不過，在下棋的當下，能夠顯示他的淡定，已經難能可貴。

在這個充滿焦慮的年代，很多人整天繃緊神經，緊張、忙碌、慌亂。人們的情緒非常容易衝動，甚至老想做出一些不理性的事，說一些不理性的話，損人而不利己。想提升職場抗壓的能力，首先，必須建立正向的人生觀，凡事都有正反兩面，樂觀的人看到問題後面的機會，悲觀的人看到機會前面的問題。凡事只看到負面的人，一定是消極、悲觀、焦躁、不安的人，而能夠從正面看待問題的人，則能積極、樂觀、自信、沉穩。

其次，要培養豁達的心胸，體悟生命的無常、短暫。人生是計較不完的，不和別人計較的人，別人就不會與他計較，愈是計較的人，愈是得不到好處，占不到便宜。「常恨此身非我有，何時忘卻營營」，不只蘇東坡有此浩歎，所有世人都應有此理解。

第三，要學習自我的鬆弛。我們雖然不是擁有很多，但不是一無所有；我們雖然失去一些，但不是失去全部。每個人的生活都很苦，我們並不是最苦，當我們為沒有鞋子穿而苦惱的時候，要想到有人連腳都沒有。所以要學習放輕鬆，不要把日子填滿，留一點時間給自己，留一點生命給自己，不要和自己過不去。花開花謝，潮起潮落，都是自然的現象，不要給自己太多的壓力。吃慣大魚大肉的人，偶爾吃吃青菜豆腐，也是人間美味。

第四，調整生活的習慣。健康之道，最重要的就是要有正常的生活，飲食起居定時定量，規律節制。生活習慣有好、有壞，我們要減少壞的生活習慣，如酗酒、抽菸、熬夜，都是有害身心健康；我們要增加好的生活習慣，如早睡早起、定時運動和休閒。

第五，降低欲望的追求。欲望是痛苦的根源，不管是物質的欲望或是精神的欲望，如果不能滿足、實現，就會造成各種的苦惱，甚至帶來不同的疾病。《菜根譚》：「寵辱不驚，閒看庭前花開花落；去留無意，漫隨天外雲卷雲舒。」歡喜隨緣，何等自在。快樂不是擁有很多，而是要求很少。一個人能夠降低對欲望的追求，才能夠從容不迫，不急不躁，泰然自若。

人生沒有回的去的事，也沒有過不去的事。我們要放下煩惱，放下痛苦，放下不安，放下恐懼，放下一切不健康、不快樂的事，一定要從改變心態開始。能夠淡定，就能放下。

09

豪邁才能放下

人是稟氣而生

每個人生下來的體質不同，有的人體質剛強，有的人體質柔弱，先天體質的剛強或是柔弱，影響我們一輩子的生活、個性與發展。在中國漢、魏時代，流行人物品鑑，因為漢代取士用人的途徑，主要是察舉和徵辟，察舉科目，以「賢良方正」、「直言極諫」最多，徵辟是對於才高名重的人，由皇帝徵召，不拘年齡資格，畀予官職。為了薦舉人才，評量考覈人品、才學、道德的風氣，在漢代初期就非常重視，到了漢末、三國時代，就更為盛行，在鄉黨之間，凡是稍受見知的人物，都會被品題。漢魏時代的人物品鑑，主要根據每個人才性的差異，論其得失，然後據以量材受官。

中國人從古以來都認為人是稟氣而生，《莊子．知北遊》：「人之生，氣之聚也。聚則為生，散則為死。」人的生死，只是氣的聚散而已。稟氣有多寡，才性分優劣，內質不同，外徵必異。於是可以從人身外在的徵象來觀人。大體上說，氣有剛柔，所以人的體質、個性，就有陽剛、陰柔之別，體質柔弱的人，個性多半優柔寡斷，難作取捨；體質剛強的人，個性多半勇敢果決，胸襟豪邁。

胸襟豪邁，熱情奔放

夏丏尊《文心》一書說：「人的品性是千差萬殊的，有些人溫和，有些人急躁，有些人寬大，有些人褊狹，在同一品目之中，又有程度深淺之別。品行溫和的作家，即使在震怒的時候，也寫不出十分刻厲的文章；品性急躁的作家，即使在暇豫的時候，也寫不出十分閒適的文章。」雖然是在討論文學，其實一個人個性的豪邁或拘泥，也會直接影響到他的生命態度和處事方式。東晉大書法家王羲之的第五兒子王徽之，個性瀟洒豪邁，做事痛快淋漓，不拘細節。

他住在山陰（今浙江省紹興縣），有一天，冬夜下大雪，把他吵醒，看著戶外皚皚白雪，一面飲酒，一面吟詩，忽然想念起他好友戴安道。當下，王徽之就坐著小船要到戴安道家，過了一夜才到達，已經到了戴安道家門口，卻過門不入，原船回去。有人問王徽之既然老遠跑去看好友，已經到了家門口，為什麼過門而不入？王徽之回答說：「我是趁著興致前往，可是到了的時候，想看好友的興致已盡。興盡就好，何必一定要見到戴安道呢？」

王徽之的即興，充分顯現提得起、放得下的精神，該放下就放下，何等的瀟灑？何等的乾脆？王徽之沒有事先通知戴安道要去看他，王徽之到了戴安道家門口，戴安道也不知道，所以到不到戴安道家、進不進去戴安道家，與戴安道一點關係都沒有，完全是王徽之個人的意願。做人之所以很辛苦，就是做什麼事都要有目的、有結果、有效率，達到目的就開心，沒有達到目的就煩惱，人的心被綁住了，當然很辛苦。

王徽之的可愛可敬，就是他有一顆自由的心，他想做什麼就做什麼，他不想做什麼就不做什麼，自由自在、自得其樂。當然，前提是他的作為不影響到別人，也不受別人的影響，他才能當家作主，隨心所欲。孔子自述：「七十而從心所欲不踰矩。」孔子到七十歲才能隨心所欲不踰矩，可見這樣的修養是非常不容易。

做人要有幾分豪氣。天地萬物這麼多，人只是其中之一，在優勝劣敗、適者生存的自然淘汰下，很多古生物一一滅絕。在各種生物中，人類的體型不是最大，人類的體力不是最強，但是人類的智慧最高，人類懂得如何適應環境、改造環境，如何開創更好的生活條件，基於這個觀點，身為一個人怎能不有幾分豪氣呢？

其次，家庭環境不同，有貧、富、貴、賤之別；個人智慧體能不同，有智、愚、強、弱之異。但是每一個人都可以依靠自己的努力，活出自己的一片天空，只要不放棄，永遠有機會。天下沒有不勞而獲的事，也沒有勞而不獲的事，失敗的經驗也是一種收穫。事在人為，一個勤奮不已的人，最後一定能夠獲得甜美的果實。

再者，不服輸的精神，也是另一個值得人自豪的地方。老天爺常常給我們非常嚴峻的考驗，各種天然災害帶給人類很大的浩劫，個人的生命、家庭、事業、工作，也常常會有意想不到的災難、挫敗。「心想事成」只是一句祝福的話，人生多半是事與願違；不過，人類擁有堅強的意志、堅定的信心，愈是困難危險，愈是能激勵奮發，屢仆屢起，不是輸不起，而是不服輸。即使人類在老天面前大半是輸家，卻要昂然挺胸，而不是灰心喪志。

另外，不畏橫逆，勇於接受挑戰，也是人生的自豪。人不只活在現實，人也活在理想。儘管現實生活充滿不可預測的挑戰，充滿煩惱、悲痛，但是因為心中有愛、有信心、有希望，所以有堅強個性的人不會被苦難與悲痛擊敗。人在冬天，心存春天，遙望春天的祥和溫暖，人在蕭瑟冰寒的冬日，仍然充滿欣欣生機。

人的豪氣，不是靠財富的裝扮，也不是靠地位的聲勢，而是一己的勇於擔當，自我做主；一個人即使一無所有，沒有財富、沒有地位、沒有健康的身體、沒有甜蜜的家庭……，但是人格的完整、人性的尊嚴，是人人平等的，人人值得自豪的。

人的豪氣，不只來自天生的體質，更為重要的，是來自自我的認知、自我的學習、自我的成長。一個人沒有剛強的體質，也可以有剛強的氣質，只要有豪邁的胸襟，就可以熱情洋溢、熱情奔放，自由開朗，不受拘束。

會當凌絕頂，一覽眾山小

詩聖杜甫有一首五言古詩〈望嶽〉，其中有兩句名句：「會當凌絕頂，一覽眾山小。」意思是什麼時候才有機會爬上泰山最高峰，屆時，向下俯瞰眾山，眾山就顯得十分渺小了。

人生像是攀登高峰，好不容易到了終點，極目四望，群峰疊嶂，盡收眼底，非常有成就感，可是近處、遠處還有很多高峰等待我們去征服。登高望遠，人生不也是如此嗎？一座又一座的高峰等待我們去攀登，一次又一次的挑戰等待我們去征服。杜甫此詩直抒胸臆，豪氣干雲，激發我們也要有不畏艱難的勇氣、卓然獨立的精神、兼濟天下的豪情壯志。

杜甫是中國歷史上最有名的詩人，有「詩聖」、「詩史」之稱，他是儒家思想代表的詩人，悲天憫人，以「致君堯舜上，再使風俗純。」為其職志，看到人民生活的痛苦，發願「安得廣廈千萬間，大庇天下寒士俱歡顏。」正因為他有豪邁的雄心壯志，所以他自己的生活雖然也是數度流離失所，而能夠寫下不朽的歷史詩篇。

李白與杜甫齊名，都是盛唐時代的大詩人。李白天才橫逸，千載獨步，放浪恣縱，不羈拘束。年輕時，仗劍遠遊，偏干諸侯，歷抵卿相，可惜因為思想之浪漫，行為之狂放，始終沒有機會做大官。文人與酒，往往有不解之緣，李白愛酒更是出了名，杜甫〈飲酒八仙歌〉寫李白：「李白一斗詩百篇，長安市上酒家眠。天子呼來不上船，自稱臣是酒中仙。」由此可見一斑。

李白詩風浪漫，任俠縱橫，頗有豪邁倔強個性，〈將進酒〉一詩，不只寫他能喝酒、愛喝酒的習性，更多的是對生命無常的感慨。原詩是：「君不見，黃河之水天上來，奔流到海不復回。君不見，高堂明鏡悲白髮，朝如青絲暮成雪。人生得意須盡歡，莫使金樽空對月。天生我材必有用，千金散盡還復來。烹羊宰牛且為樂，會須一飲三百杯。岑夫子、丹丘生，將進酒，君莫停。與君歌一曲，請君為我傾耳聽。鐘鼓饌玉不足貴，但願長醉不用醒。古來聖賢皆寂寞，惟有飲者留其名。陳王昔時宴平樂，斗酒十千恣歡謔。主人何為言少錢，徑須沽取對君酌。五花馬、千金裘，呼兒將出換美酒，與爾同消萬古愁。」李白這首詩除了描寫喝酒放歌的豪情，也在說明生命短暫、詩人的孤獨寂寞，一個「愁」字引發千古的共鳴。

李白〈宣州謝朓樓餞別校書叔雲〉一詩的名句：「棄我去者，昨日之日不可留；亂我心者，今日之日多煩憂。」明白如話，寫盡人生苦短、人生無常、人生多難。面對人生的各種無奈，詩人只能藉酒澆愁，歸隱山林。「抽刀斷水水更流，舉杯澆愁愁更愁。人生在世不稱意，明朝散髮弄扁舟。」李白痛快淋漓、豪邁爽朗的個性，藉由對人生的感觸，呈現出熱情奔放的浪漫風格。

大江東去，浪淘盡，千古風流人物

蘇軾是唐宋八大家之一，北宋有名的才子，天資既高，豪邁之氣不能自掩，每以文字詼談得罪於人，屢遭貶謫。蘇軾非常了不起的地方，是他能以超然豁達的心境，自拔於現實悲苦之外而不減其樂，如〈超然臺記〉一文所云：「予自錢塘移守膠西，釋舟楫之安，而服車馬之勞；去雕牆之美，而庇采椽之居；背湖山之觀，而行桑麻之野。始至之日，歲比不登，盜賊滿野，獄訟充斥，而齋廚索然，日食杞菊，人固疑余之不樂也。處之朞年而貌加豐，髮之白者，日以反黑。」為什麼蘇軾從錢塘太守調任知州太守，物質條件相去千里，而能夠自得其樂呢？因為他有一顆超然物外的心，能遊於物之外而不遊於物之內，不為物欲的追求所羈限，不以物喜，不以己悲，豁達豪邁的胸懷，使他處在逆境之中仍能保有高曠的情操。

蘇軾是一位偉大的文學家，他的文章、詩、詞，在宋代的文壇都佔有很重要的地位。〈念奴嬌—赤壁懷古〉一詞，最足以代表蘇軾豪放高曠的詞風，原詞是：「大江東去，浪淘盡，千古風流人物。故壘西邊，人道是，三國周郎赤壁。亂石崩雲，驚濤裂岸，捲起千堆雪。江山如畫，一時多少豪傑。遙想公瑾當年，小喬出嫁了，雄姿英發。羽扇綸巾，談笑間，強虜灰飛煙滅。故國神遊，多情應笑我，早生華髮。人生如夢，一尊還酹江月。」江水無情，帶走歲月和英雄人物，雖然蘇軾所遊赤壁，不是當年周瑜打敗曹操的地方，但是江水滔滔，仍然令人興起思古幽情。蘇軾的豪邁風格，像是關西大漢，持銅琵琶、鐵綽板，唱「大江東去」，的確是英雄本色，令人興歎。

南宋辛棄疾詞，也是以豪放雄奇著名。〈永遇樂—京口北固亭懷古〉一詞是其代表作。原文是：「千古江山，英雄無覓，孫仲謀處。舞榭歌臺，風流總被，雨打風吹去。斜陽草樹，尋常巷陌，人道寄奴曾住。想當年，金戈鐵馬，氣吞萬里如虎。元嘉草草，封狼居胥，贏得倉皇北顧。四十三年，望中猶記，烽火揚州路，可堪回首，佛狸祠下，一片神鴉社鼓。憑誰問廉頗老矣，尚能飯否？」辛棄疾詞慷慨縱橫，有不可一世之慨，此詞寫人在江山勝處，對景興愁，不勝感慨。辛棄疾一生以氣節自負，功業自許，可惜北宋南移，風華不再，不堪回首，自己又馬齒徒增，年漸老邁，如同老去的廉頗，不能再上馬殺敵，「廉頗老矣，尚能飯否？」設身自問，尤其令人不勝唏噓。

辛棄疾別開天地，橫絕古今，有氣吞八荒之慨。〈西江月〉一詞：「醉裡且貪歡笑，要愁那得功夫。近來始覺古人書，信著全無是處。昨夜松邊醉倒，問松我醉如何？只疑松動要來扶，以手推松曰去。」辛棄疾胸襟豪邁，即使醉酒也能把松樹擬人，明明是自己醉酒站不安穩，卻說是松樹好心要來扶他，為了表示自己的沉穩，還不屑於松樹的熱心，而以手推松，大叫一聲「走開」，真是妙趣橫生，魄力之大，難可想像，不愧與蘇軾齊名。

豪邁的人提得起、放得下

有一個商人，因為工作忙碌，患有嚴重的失眠症，看了很多醫生，吃了很多種藥，都沒有治好他的病。友人介紹他去看一位心理醫生，那位心理醫生教他每晚上床的時候，如果睡不著，就在心裡數羊，一隻、兩隻……八隻、十隻，到一百隻，數累了就會睡著。過幾天，商人又去看那位心理醫生，心理醫生問他這個方法有沒有效？商人說沒效。心理醫生覺得很奇怪，這個方法對很多病人都有效，為什麼對他會沒效？商人回答說：「因為數了一百隻羊之後，不知道這些羊要賣給誰？所以還是睡不著。」這雖然是一則笑話，象徵意義卻很明確，心中有罣礙的人，就會提不起、放不下。

個性豪邁的人，多半歷經大風大浪，受盡許多人生的苦難和折磨，已經深深體悟生命的諸般無奈，而能用一種豁達的心胸轉念、提升。所以有人形容蘇東坡，即使他的生命被安排為一杯苦酒，他也會欣然一醉。

個性豪邁的人，寬心、歡心，快樂做自己，也許有時候會表現出粗枝大葉，不修邊幅，不拘小節，但是在狂放的外表中，有著深沉的毅力與堅持，爽朗開放的行為，呈現痛快淋漓的生命力量。走過人生的大江、大海，不只是疏狂不羈，而且是熱情洋溢，這樣的人才會是能提、能放，收放自如的人。

10

豁達才能放下

只要命還在，就真走運

從前有一個人背著一個甕在路上走，不小心把甕打破了，他仍繼續往前走，朋友問他為什麼不回頭看一看甕破的怎麼樣？他回答說：「破就破了，看有什麼用？」三十幾年前，家兄家裡遭小偷，客廳的電視機被偷了，第二天家兄又買了同一款式的電視機放在客廳，我問家兄怎會這麼捨得？家兄說：「不然怎麼辦？客廳本來有個電視機，現在被偷了，如果不再買一個放回去，回到家看不到電視，心裡就會很失落、很難過。就當作丟了一些錢，錢賺就有了，心情難過，卻是金錢買不到的。」這兩個故事，都在說明豁達才能放下的道理。

有個人有一天開車不小心，發生了車禍，車子被撞爛了，還好身體沒有受到傷害，回家告訴媽媽這件事。媽媽說：「你真走運。」媽媽問孩子：「是開新車還是舊車？」孩子回答說：「是新車。」媽媽說：「你真走運。」孩子問媽媽：「為什麼開新車被撞爛，還真走運？」媽媽回答：「不管開新車或是舊車，只要命還在，就真走運。」很多人開車被撞，一定覺得很倒楣，而這個孩子的媽卻能非常豁達的看待問題，只要命還在，就真走運。是啊！命沒有了，什麼都沒有了，人生有什麼比生命更重要的事呢？

豁達的人思想樂觀

天下事一得一失，每件事情都有正反兩面，一杯水喝了一半，樂觀的人說還有一半，悲觀的人說只剩一半。到井邊挑水，樂觀的人看到上來的桶子是滿的，悲觀的人看到下去的桶子是空的。非洲人不愛穿鞋，樂觀的人說有很大的鞋市場，悲觀的人說沒有鞋市場。凡事都有兩面的看法，個性豁達的人思想樂觀，個性狹隘的人，思想悲觀，前者看到問題後面的機會，後者看到機會前面的問題。人的得失、苦樂很難定論，「塞翁失馬，焉知非福？」是大家非常熟悉的故事。古代驪姬剛要嫁到晉國的時候，悲傷哭泣，滿懷不樂意，等到嫁到晉國，享盡榮華富貴，才後悔當初為什麼會悲傷哭泣，恨不得早一點嫁過去。

每一個人都有自己的人生觀照，有的人認為人生充滿希望，有的人認為人生充滿失望，甚至抱持絕望的態度。有一個女生寄信給他的男朋友，打開信封裡面只有一張空白的信紙，信紙的角落有一個破洞。男朋友十分不解，就去問他的朋友，一位朋友悲觀的說：「你的女朋友要你看破。」另一位朋友則樂觀的說：「你的女朋友要你突破。」任何一件事我們都可以看破，也可以突破，關鍵在於我們內心的看法是樂觀或是悲觀。

豁達的人思想通達

《老子》第23章：「飄風不終朝，驟雨不終日。孰為此者？天地。天地尚不能久，而況於人乎！」宇宙一直處在變動之中，不管是有生命的、沒有生命的，都不會持久不變。一般人看事物，往往只看到表面，而沒有看到裡面；只看到正面，而沒有看到反面。其實，一切的事物都有表、有裡，有正、有反，不能只從單方面去着眼。《老子》第2章：「故有無相生，難易相成，長短相較，高下相傾，音聲相和，前後相隨。」豁達的人思想通達，能夠體悟得失互見、禍福相依，天下很多的事物，都是相輔相成，相生相剋。沒有左邊，那裡是右邊？沒有後面，什麼地方是前面？一間教室的中點，不等於整棟教學大樓的中點。

《莊子．齊物論》：「民濕寢則腰疾偏死，鰌然乎哉？木處則惴慄恂懼，猿猴然乎哉？三者孰知正處？民食芻豢，麋鹿食薦，蝍且甘帶，鴟鴉嗜鼠，四者孰知正味？猿猵狙以為雌，麋與鹿交，鰌與魚游。毛嬙麗姬，人知所美也；魚見之深入，鳥見之高飛，麋鹿見之決驟。四者孰知天下之正色哉？」「孰知正處」？「孰知正味」？「孰知正色」？並沒有一定，因人、因事、因物而會有不同的意義，就像有人愛吃酸，有人愛吃辣，口味各有不同，有人愛吃糖，而對於有糖尿病的人而言，糖是他們的禁忌。《莊子．至樂》又舉一個例子，魯國國君在城外抓到一隻海鳥，給牠住漂亮的房子，吃好吃的食物，聽美妙的音樂，沒幾天這隻海鳥就憂悲而死，因為魯國國君是用養人的方法養鳥，而不是用養鳥的方法養鳥。

豁達的人樂天知命

李白〈春夜宴從弟桃李園序〉：「夫天地者，萬物之逆旅。光陰者，百代之過客。而浮生若夢，為歡幾何？古人秉燭夜遊，良有以也。」蘇東坡〈和子由澠池懷古〉：「人生到處知何似？恰似飛鴻踏雪泥。泥上偶然留指爪，鴻飛那復計東西？」都是對人生的無常抱持無限的感慨。豁達的人樂天知命，通情達理，面對無可奈何的人生，選擇勇敢承擔，寬豁大度。《莊子・列禦寇》：「莊子將死，弟子欲厚葬之。莊子曰：『吾以天地為棺槨，以日月為連璧，星辰為珠璣，萬物為齎送；吾葬具豈不備邪？何以加此。』弟子曰：『吾恐烏鳶之食夫子也。』莊子曰：『在上為烏鳶食，在下為螻蟻食，奪彼與此，何其偏也？』」「在上為烏鳶食，在下為螻蟻食，奪彼與此，何其偏也。」莊子真是個非常豁達的人。

莊子突破世人對生死的看法，莊子妻死，莊子始哭而後歌。《莊子・至樂》：「莊子妻死，惠子弔之，莊子則方箕踞，鼓盆而歌。惠子曰：『與人居，長子老身，死不哭亦足矣，又鼓盆而歌，不亦甚乎？』莊子曰：『不然，是其始死也，我獨何能無慨然！察其始而本無生，非徒無生也，而本無形；非徒無形也，而本無氣。雜乎芒芴之間，變而有氣，氣變而有形，形變而有生，今又變而之死，是相與為春秋冬夏四時行也。人且偃然寢於巨室，而我噭噭然隨而哭之，自以為不通乎命，故止也。』」莊子看待人的生命只是一種自然現象，生、老、病、死，就像春夏秋冬四時的運行。生死的問題，是人生最看不破、最放不下的事，莊子把生死都放下了，那還有什麼放不下的呢？

豁達的人寬厚待人

天下沒有十全十美的事，也沒有十全十美的人，豁達的人能夠寬厚待人，樂於助人。樂於助人的人，是有福氣的人。我們每做一件善事，就像在銀行裡增加一筆存款，我們幫助別人愈多，我們在人生銀行的存款就愈多，零存整付，那天我們有困難、有危急的時候，自然就會有很多人樂於幫助我們。

能幫助別人的人，是表示自己有能力的人，幫助別人愈多，表示自己能力愈強。人是付出愈多，能力愈強，就像風箱，壓力愈大，風力愈強。一個人成就的大小，不在於得到多少，而在於付出多少，付出愈多，成就愈大。同時，付出愈多的人，回報也會愈多，一個捨不得付出的人，誰願意付出給他呢？

寬厚是仁者的度量。俗話說：「吃虧就是占便宜。」為什麼吃虧就是占便宜呢？一方面是因為有能力吃虧的人，才會吃虧；一方面是吃一次虧學一次乖，從這次吃虧學到的經驗，下次就不會再吃虧，而且從這次吃虧得到的教訓，正是一種反省、精進的機會。

在人與人的相處裡，實在很難說誰占了誰的便宜，張三占李四的便宜，可能李四占王五的便宜，而王五卻占了張三的便宜。每一個人從出生到老死，都要借助很多人的扶持、協助、鼓勵與安慰，每一個人不止是消費者，也應該是生產者，有能力的人應該多做一些奉獻。

豁達的人不計較得失

豁達的人淡泊名利，知足常樂，坦然接受人生許多的困難、挫折與無奈。豁達的人知道人生如潮水，總是起伏不定，一時的得，未必是長久的得，一時的失，也未必是長久的失，更何況人生的得得失失，全會過去，全都留不住，所以面對人生的一得一失，都能夠看得很開、看得很輕、看得很淡、看的很透。而對於人與人之間的是非、恩怨、情仇，也不會太在意、太計較，因為我們所以有煩惱、有痛苦，往往不是別人使我們煩惱、痛苦，而是我們自己拿別人的言語、行為來煩惱自己，使自己痛苦。

我們所煩惱、痛苦的事，如果放在另一個高度，把時間拉長，把空間放大，就沒有什麼好計較的了。譬如一把鹽放在一個杯子裡和一個池子裡，鹹度是不一樣的。豁達的人有大心胸、大氣度、大格局，不會小鼻子、小眼睛，心胸狹隘，一輩子記仇、記恨。

原諒別人，就是釋放自己。有一個人被陷害而判刑十年，出獄以後為了找仇家平反冤獄，卻又辛苦折磨了自己二十年，因為他不能放下，所以給自己增加了二十年的痛苦生活，精神上折騰自己，是對自己最大的殘忍。

建立自己的高度，是生命的大境界。誰沒有過去？誰不會犯錯？我們也許吃了李四的虧，受了張五的害，可是我們可能也曾傷害張三、陳六。冤冤相報何時了？以恨生恨，以愛止恨，我們學會忘記，捨得放下，我們才能享受幸福。撫平傷痛最好的辦法，就是遺忘和原諒。

豁達的人不怨天尤人

豁達的人知道苦難是老天的考驗，生命最艱苦的歲月，令我們成長最多。苦難是老天的恩典，人要藉由苦難而成長、成熟。老天給我們苦難，是希望磨練我們的心志，使我們更有能力。孟子說：「天將降大任於斯人也，必先苦其心志，勞其筋骨，餓其體膚，空乏其身，行拂亂其所為，所以動心忍性，曾益其所不能。」人不是天生就具備各種能力，不經一事，不長一智，挫折是成長的動力，吃過苦的人，生命才深邃。

苦難是老天賞賜我們修行的機會，我們還不夠好，老天希望我們更好，所以提供許多修行的機會。沒有悲苦，不足以談人生。一個人的偉大，在於他承擔苦難的能力，我們把一切的苦難都視為必然，心就釋懷了。

苦難像座山，爬到山頂，它就在下面；苦難像條河，游過對岸，它就在後面。受苦是生命的真理，生命是受苦的過程，我們不知道老天要我們承擔多少的苦難，我們只能訓練自己有能力承擔更多的苦難。幸運是運氣，不幸是福氣。沒有吃過苦的人，不能體會人生的甜美，苦難是一個偉大的字眼，沒有苦難，不能成就英雄，只有經過大風大浪的人，才能笑傲江湖。豁達的人面對人生的苦難，把吃苦當吃補，有勇氣、有決心、有毅力，以聰明的睿智和寬厚的心胸，凡事坦然、泰然、豁然，與苦難和解而不是抵抗、對立，能夠自我解嘲，用幽默的方式擺脫困境。豁達的人在人生每次的低谷，都能抬頭仰望天空，懷抱無限的希望，調整腳步，重新出發，用豁達開朗的心情，在失敗的痛苦裡，學到成長、學到經驗。

豁達就能放下

豁達的人坦然接受宇宙的無垠、人生的有限，豁達的人有真正的智慧認識自己能力的不足，不會和自己過不去，做自己能力不及的事。豁達的人思想樂觀，該放下的就放下；放下不是放棄，放下也是另一種獲得。豁達的人思想通達，知道有生必有死，人生只有使用權而沒有所有權，我們向老天借的東西遲早都要放下。天堂與地獄，都在我們心中，一顆豁達的心靈，就是通往天堂的鑰匙。

豁達的人樂天知命，知道很多事都不可強求，做人要有度，凡事適可而止，知足常樂。昨天已成灰燼，明天還是薪材，今天才是熊熊燃燒的烈火。豁達的人寬厚待人，有人脈就有錢脈，多一個朋友就少兩個敵人，努力建立良好的人際關係，能捨就捨，該得才得。思想狹隘的人是不快樂的人，思想豁達的人懂得原諒別人、釋放自己。

豁達的人不計較得失，因為得與失都只是相對的理念。人生的痛苦，往往是因為強分彼此，有了分別心，就會計較、比較，就會有罣礙，就會放不下。豁達的人想開了、想通了、不計較了，便全都能放下。

豁達的人不會怨天尤人，豁達的人知道苦難與人俱生，必須以通達的思想勇敢以對，在困境中要尋求改變，不能改變就欣然接受。

總之，豁達的人有廣闊的心胸，有容人的雅量，有通達的思想。沒有人是完美的（No one is prefect），我們不要再和自己過不去，人生不必活得這麼累，繃緊的神經早晚會斷裂，學習放寬、放鬆，就能放下。

11 自信才能放下

自信是事業成功的基礎

思想產生信仰，信仰產生力量。孫中山先生〈心理建設序〉一文說：「吾心信其可成，移山填海之難，亦成矣！吾心信其不可成，反掌折枝之易，難成矣！」心的作用是很大的。你認為會成功的事，往往就會成功；你認為會失敗的事，往往就會失敗。很多人沒有成功，不是沒有機會成功，也不是沒有能力成功，而是沒有信心才沒有成功。一個人最大的敵人是自己，人常常是給自己打敗的，戰勝自己的人才是真正的贏家。失掉了心就失掉一切，有了信心就能克服一切困難。

自信是事業成功的基礎，自信為成功邁出第一步。一個人信不過自己，別人如何會相信他呢？俗諺說：「樹的方向，由風決定；人的方向，由自己決定。」沒有人能決定我們的未來，只有自己能決定自己的未來。沒有人能扶起一個自己不想爬起來的人，也沒有人能阻擋一個不斷力爭上游的人。

態度決定生活，不是生活決定態度。我們想過什麼樣的生活，就要有什麼樣的人生態度。一個有自信的人，不會做沒有準備的事；一個有自信的人，不會盲從附和別人，而會有自己的定見；一個有自信的人，不會急功近利，急於求成，而能循序漸進，有條不紊，水到渠成。

任何事情的成功，關鍵在於是否有自信。有自信的人，才能有決心、有毅力，才能在最正確的時間，做最正確的判斷，而不會猶豫不決、優柔寡斷，喪失機會。只有有自信的人，當機會來臨的時候，才能把握機會，當機立斷，做最好的取捨。當然，自信不是一種假象，而要有實力做後盾；有實力才會有信心，信心不足的人，往往是因為實力不足。

自信者的人格特質

自信的人掌握幸福的每一個腳步，自信的人創造快樂的每一個機會。自信的人具有以下幾個人格特質：

第一，自信的人不自悲。「人」字一長一短，每一個人都有一些長處，也都有一些短處，自卑的人只看別人的長處和自己的短處，而不知道自己有長處，別人也有短處；老是覺得自己比不上別人，老是覺得自己能力差、運氣不好，對生命缺乏鬥志，甚至對人生產生乏味。自信的人則能有通達的想法，他知道每個人都有自己的優點和缺點，他會努力增加自己的優點而減少自己的缺點，所以自信的人不會自卑、自憐。

第二，自信的人不自憐。每個人稟氣不同，命有好壞，有人出生於富貴人家，一輩子不愁吃穿，享受榮華豪奢的生活；有人則出生於貧賤人家，一生飢寒交迫，沒有機會接受良好教育、沒有機會出人頭地、沒有機會享受優質的生活。全世界有百分之二十的人賺取百分之八十的財富，全世界有百分之八十的人只賺取百分之二十的財富，對於多數的平凡人而言，如果不安於命，可能就會自怨、自嘆、自憐，因為老天虧待，所以才命運多舛。相反的，自信的人相信只要能夠自立自強、努力不懈，英雄不怕出生低，總會有出頭的一天。

第三，自信的人有行動力。成功不是用說的，成功不是用想的，成功是做出來的，行動是圓夢的開始。自信的人不是只靠一張嘴，自信的人不是憑空在作夢，自信的人是腳踏實地、劍及履及、說到做到。成功是拚出來的，努力的人不一定成功，不努力的人一定失敗。自信的人的行動力不是只有三分鐘的熱度，他能預見未來，他能堅持到底。

第四，自信的人有魅力。俗話說：「努力的女人最美麗。」其實，不只努力的女人才美麗，所有努力的人都會很美麗。美麗不只是來自亮麗的肌膚、姣好的臉孔、勻稱的身材，更是來自煥發的神采。美麗的人不一定長得漂亮，但一定是活得漂亮，生命充滿活力、朝氣、熱情、真誠。心中有愛，人見人愛。自信的人愛自己，也愛別人，自信的人的身上自然會有一股強大的吸引力，強大的魅力，令人愛慕，令人信任。

第五，自信的人有自制力。自信的人懂得要求自己，收放自如，能做自己生命的主人，能提就提、該放就放。面對人生的各種誘惑，自信的人知道自己要什麼、不要什麼，該要什麼、不該要什麼，不會迷失方向。一般人總是要求別人太多，要求自己太少，自信的人不管在工作職場或是待人接物，都能夠嚴以律己、寬以待人。懂得要求自己的人才會是成功的人，懂得要求自己的人，處理事情的態度不是有做就好，要做就要做好。凡是能夠全力以赴、負責盡職，自信的人能夠比一般人獲致更豐碩的成果。

第六，自信的人有影響力。自信的人做人做事主動、積極、樂觀、負責，從事企業，就是成功的企業家；從事政治，就是令人敬重的政治家。一個有自信的人一定能夠擴大他的影響力，服務人群，成為社會的榜樣。

如何培養自信

命好不如習慣好，自信是一種好習慣，自信是成功者非常重要的人格特質。有自信的人才能不畏艱難，勇敢走下去，直到成功為止；沒有自信的人，凡事畏怯、自卑。怕失敗的人一定失敗，想成功的人才會成功，事在人為，自信是力量的來源。

自信既然如此重要，那麼要如何培養自信呢？首先，要向成功者看齊。成功是每個人心中的企盼，成功不會是天上掉下來的禮物，想成功的人一定要向成功者學習成功之道，厚植實力，才有機會。

其次，要多與樂觀者為友。樂觀者都有陽光心態，凡事都往好的一面想。人的一生得得失失，得中有失，失中有得，樂觀者對任何事都懷抱希望、充滿信心，所以有更多的機會得到老天的眷顧，贏得成功。

第三，抱持強烈的企圖心。企圖決定版圖，格局影響結局。一個人的心有多寬，他的世界就有多寬。沒有人可以限制我們的成就，只有自己會綁住自己。有鴻大的志向，才會有動力、推力，才能努力化阻力為助力。

第四，做事講求方法、效率。說一寸不如行一分，做事要有目標、有方法，蠻幹、亂幹，南轅北轍、本末倒置，絕對不會成功。一定要有目標、有計畫、循序漸進，注意緩急輕重，才不會白費力氣、一事無成。

最後，最為重要的是培養通達圓融的思想，體悟人生的無常、宇宙的幻化，凡事盡人事而後聽天命，努力由己，成敗任天，能夠以一顆平常心看待得失禍福。豈能盡如人意，但求無愧我心，一個問心無愧、俯仰自得的人，才會是充滿自信的人。自信的人不會等待機會而會努力把握機會，創造機會，奮發上進，而不會為懶惰找藉口。

自信的人懂得放下

放下，不是什麼都放下，而是該放下的才放下；放下，也不是一次全部都放下，而是依輕重緩急的不同，逐漸放下。能放下，才能真正擁有。放下是放下生命的多餘，去其糟粕，留下精華；放下是為了得到生命更有價值的東西——譬如健康、家庭、自由、悠閒、快樂，而放下不是最重要的東西——譬如財富、地位、愛情、貪念、自私等等。自信的人知所取捨，既會放下自卑、自憐，也會放下自大、自傲，平允客觀的看待人生。我們不必自卑、自憐，也不能自大、自傲。自以為了不起的人，不夠了不起，即便他有一點了不起的地方，也會因為他的驕傲，而變得沒什麼了不起。自卑的心態，更是不足可取，沒有人因為醜、因為笨、因為窮，而可以被人看不起，一個看不起自己的人，才會被人看不起，建立自信，懂得自己疼惜自己，就會得到別人的尊重。

自信的人知所取捨，既會放下消極、頹廢，也會積極努力、奮發向上。抱持消極、頹廢心態的人，認為努力是沒有用的，人生是悲觀的，沒有希望的。很多人努力而沒有成功，主要是用錯方法，擺錯位子。「天生我材必有用」，每塊材料都要擺對地方才有作用，所謂垃圾往往是擺錯地方的珍寶，所以每個人要有自知之明，知道自己的個性、才華適合在那一方面發展，充實能力，把握機會，一定會有成功的一天。自信的人對自己的人生充滿熱忱、希望、信心。

有自信的人了解人生的苦難是難免的，人生的挫折是難免的，人生的失敗是難免的，人生的狂風暴雨遲早都會消逝，只要心挺得住，憂傷總會過去。自信的人知所取捨，放下焦慮、猶豫，而能夠開朗樂觀、明快果斷。憂鬱、焦慮、急躁，是文明社會很多人的通病，這樣的毛病，雖然來自心理，卻會影響到生理，傷害健康，產生食慾不振、睡眠欠佳、消化不良、血壓心臟病變，嚴重的話還會危及生命。

自信的人個性豪邁，對人生豁達。想不開的人，只是跟自己過不去。憂愁不能解決問題，憂愁只會增加解決問題的難度；奢求自己做不到的事，只是自取煩惱，降低標準、減少要求的人，才會是快樂的人。

猶豫不決的個性，三心兩意，什麼都想要，什麼都捨不得放棄，結果什麼都得不到。自信的人明智果斷，如果魚與熊掌不能兼得，在得失利害之間，得取其多者，失取其少者；利取其大者，害取其小者。當斷不斷，反受其亂。

自信的人知所取捨，放下仇恨、怨怒，懂得慈悲、感恩。人的一生難免會受到一些大大小小的傷害，撫平傷痛最好的方法是原諒與遺忘。原諒敵人，就是放下自己，遺忘要靠時間來療傷。法鼓山聖嚴上人曾說：「慈悲沒有敵人，智慧不起煩惱。」慈是愛，悲是憫，愛是關懷，憫是同情。愛有許多不同的名字，其中一個叫體諒，還有一個叫原諒。原諒別人，就是善待自己。真正的慈悲，沒有憤怒，只有愛。

心懷感恩的人，人生不美也難。我們要感恩鼓勵我們的人，我們也要感恩刺激我們的人，前者使我們有信心、有力量，後者激勵我們逆向奮進。人生的道路，有時要熱情扶持，有時要冷水刺激，煮茶葉蛋要有裂痕才能入味，所謂仇人，有時竟會是我們的恩人。

自信的人知所取捨，放下自私、懶惰，而能夠大公無私，努力不懈。每個人都有私心，但是自信的人知道在複雜的人際關係裡，除了自己，還有很多的別人，做人不能沒有自己，做人也不能只有自己。自信的人知道今天是講求團隊合作的年代，單打獨鬥的英雄主義，已經不能適應現在的需求。合作是團隊的精神，團結才能產生力量。自私的人不願意關心別人、幫助別人，也得不到別人的關心與幫助；自信的人大公無私，付出愈多，回饋愈多。

成功的人找機會，失敗的人找理由，命運是失敗者的託辭，失敗者常常把失敗的原因，歸諸於命運不佳，其實，真正的原因是自己不夠努力，自己很懶惰。自信的人深信命運掌握在自己手中，你不堅持，沒有人替你堅持；你不放棄，沒有人逼你放棄。堅持是成功的不二法門，自信的人，樂觀開朗，勇往直前。

12

簡單才能放下

生活本來可以很簡單

我有早睡早起的習慣，內人則習慣晚睡晚起。有一天早晨，我早起做完運動之後，便忙著準備午餐的食材，同時，我正趕寫一篇文章。以前我會急著想把兩件事情都做好，就覺得很忙、很累。這一天內人起床後，我告訴她午餐的食材已經準備好，我要寫文章，做菜的事就交給她了，突然我變得很輕鬆，也能專心的坐下來寫作，直等到內人叫我吃午飯。

生活本來可以很簡單，只是我們把它複雜化了。一個時間專心做好一件事，就會從容不迫，悠遊自在，相反的，如果一個時間想要同時做好幾件事，則將緊張、忙亂、焦慮、急躁。生活可以不必這麼辛苦，不要跟自己過不去。

生活簡單就是善

有人形容現在的社會，是以大吃小、以多吃少、以快吃慢，各行各業競爭都非常激烈、嚴峻，我們每個人生活在強大的壓力下，工作緊張而忙碌。生命不過是為了一碗飯，很多人卻為了這碗飯，把命都賠進去。活著的人拚命的找死，快死的人才努力想活。唐朝杜甫的詩：「人生七十古來稀」，老總統蔣中正先生七十歲過生日，總統府秘書長張群說：「人生七十才開始。」我的老師林尹教授說：「人生七十古來稀，太悲觀；人生七十才開始，太樂觀；人生的正解是人生七十才該死。」科技的發展，醫藥的普及，養生的重視，現在一般人的平均壽命已經超過七十歲、八十歲，一些長壽村的居民也都能有九十歲以上的高齡，可是因為過勞死的年輕人愈來愈多，想要三十歲就擁有六十歲才能擁有的一切東西，難怪要提前出局。

健康是人生第一件最重要的事，命都沒有了，財富、地位、親情、友情、愛情，全都沒有意義。想要擁有健康的身體，根據調查，全球各地長壽村的居民，都是生活在怡人的自然環境，享受清新的空氣，保持與世無爭的心態，作息正常，擁有好心情，多勞動，以及吃得很簡單。換言之，簡單的生活就是幸福的根源。為了健康活命，就要生活簡單。

現代人談保健養生，在飲食方面提出高纖、低脂、低鹽、低糖、低蛋白，口味要清淡，盡量素食，多吃青菜、水果。素食的好處，除了改善環保，減少污染，而且可以減少壓力，消除緊張，避免各種因為工作壓力、生活壓力所帶來的憂鬱、焦慮、煩躁、失望甚至絕望的文明病。

生活的煩惱與痛苦，多半來自對物質的要求太多，要吃的好、穿的好、住的好、用的好，求不完就苦不完。適度的物質享受是需要的，是合情合理的，但是過度的要求，超越自己能力的要求，就會成為嚴重的負擔、壓力，成為煩惱與痛苦的來源。

把健康放在每天的生活裡，人最該學習的是如何愛自己。快樂來自簡單的生活，因為要求不多，所以很容易滿足。複雜的生活，是一切煩惱的根源，因為複雜的生活，需要花費很多精神、時間去選擇、去參與，就會造成生理上和心理上的疲憊、勞累。

生命是一種態度，生活是一種習慣。簡單的生活，除了改變飲食習慣之外，也要改變生活型態，多一份悠閒，就少一份忙亂；多一分真實，就少一分虛偽；多一分快活，就少一分憂傷。所謂放下，就是割捨不必要的多餘，多餘的食物、多餘的衣服、多餘的工作、多餘的應酬、多餘的家具、多餘的電器，能送就送，能丟就丟，能減就減。簡單的生活，不是因為物質的缺乏，而是健康的需求、快樂的需求。我們花太多的金錢、時間、精神在物質的追求，就沒有多餘的金錢、時間、精神去追求心靈的愉悅、滿足。

生活簡單從知止、知足的心開始，知止、知足，才能節制、不貪求。生活簡單，心靈就能更豐富，把追求奢華的生活改變為簡樸的生活，就有更多的時間、空間去旅遊、學習藝術、充實智慧……。要得到幸福的人生，首先就是放下對物質過多的貪求，而過著簡單樸實的生活。

心靈簡單就是美

美是個抽象的名詞，何者為美？何者為不美？恆無定數。張三認為美的，李四未必也認同；張三以前認為美的，現在未必認為美；張三現在認為美的，以後未必還認為美。雖然天下無物不美，但是要有一顆欣賞美的心，才能看出事物的美。蘇軾〈超然臺記〉：「凡物皆有可觀，苟有可觀，皆有可樂，非必怪奇瑋麗者也。餔糟啜醨皆可以醉，果蔬草木皆可以飽，推此類也，吾安往而不樂？」東坡能看出天下萬物都有可觀可樂之處，所以能夠看到天下萬物的可觀可樂，因此，遊山玩水，不必怪奇瑋麗；喝酒吃飯，不必瓊漿佳餚。他的弟弟蘇轍〈快哉亭記〉也說：「士生於世，使其中不自得，將何往而非病？使其中坦然不以物傷性，將何適而非快？」子由也是了解一個人能自在自得，才能無適而不快。抱持一顆自由的心靈，愉悅自得，才能見出宇宙之美、人生之美。

什麼是美？一般來說，凡是能夠引起愉快經驗的，都可以稱為美。美是一種客觀的存在，美也是一種主觀的價值判斷。因此，高有高的美，矮有矮的美；胖有胖的美，瘦有瘦的美，並不是體型勻稱、面貌姣好的人才美。我們當然可以有個客觀的標準評量怎樣才美，但是情人眼裡出西施，每一個人的好惡不同，每一個人評量美的標準也有很大的差距。

美是超現實的。美感與快感的分別，就是美感是沒有目的，快感是有目的。我們看見一件漂亮的東西，如果興起佔有的念頭，痛苦就跟著來。未得之患得之，既得之患失之。還沒有得到手的時候，想盡辦法、不計一切代價，就是要得到手才滿足；得到手之後，一方面怕會失去，一方面可能很快就生厭。有目的的美只是短暫的，沒有目的的美才會持久。一個年輕女子的美，當然比一位老太婆引人側目，年輕女子的花容玉貌可以滿足男人佔有的欲望，可是當花容憔悴、玉貌不再時，便不再被人喜愛。我們欣賞老太婆的美，沒有佔有的念頭，它是美感，不是快感。

美是一種感覺的活動，是心靈的自由開放，有一顆自由開放的心，才能領略自然與藝術的美。一個人對外物依賴越少，愈能領會美的存在。我們在欣賞美的時候，聚精會神、全神貫注，而沒有想到它的實用性，或是它和別的事物的關聯性，譬如我們欣賞一棵松樹，就只看到松樹的昂然高舉、枝幹茂密，而沒有去想到它值多少錢？屬什麼科的植物？能做成什麼樣的家具？唯有這樣，我們才能真正欣賞松樹的美。

美是一種創造，任何一件東西、一個人，都有其美好的一面，除了天生的美，每一個人都有機會、都有能力創造自己的美，讓別人來欣賞。每一個人把最真實的自我呈現出來就是美，人生的美，不必等待金錢和地位的裝飾，自然就是美。

邁向現代化的國家，不只要有富裕的物質生活，更要有充實的精神生活，美化人生是我們的理想。美化人生要從淨化人心開始，水溝被淤泥堵塞，流水便不能暢通；人心有太多的汙染，人生便不能亮麗清明。人心有時會被情慾所蔽、外物所蔽，自制力不強的人受了情牽物累，禁不住誘惑，便會做出許多不理性、不合法的事，甚至傷天害理、禍國殃民。

簡化才能美化，物化加速腐化，抗拒誘惑最好的方法就是不要去接近它。降低對物質的需求，簡化生活，才能減少心靈的汙染而達到美化人生的目的。

我們舉目所見，有太多外在的汙染，如水質汙染、空氣汙染、交通汙染、食品汙染、公共環境汙染……，數都數不完，嚴重影響我們身體的健康、生活的品質。除此之外，心靈的污染也很嚴重，如色情汙染、暴力汙染、語言汙染、以及貪、瞋、癡、慢、疑等等來自內心的雜念、妄念，都必須掃除清淨。「屋寬不如心寬」、「室雅何須大」，雖然只是斗室一間，只要打理乾淨、井然有序，窗明几淨，自是人間芳土。

生活不只是物質的堆積，悠然自得的精神才是人生真正的高貴。一個人只要貪慕名利的心不斷絕，禍害罪咎就會永遠折磨平靜的心靈。物質條件差一點，只是苦一點過日子而已，一個人如果不能擁有一顆清明的心、富足的心、愉悦的心，再多的財富都不能填滿欲望的鴻溝。

保持心靈的簡單，就是不要有太多的貪念、雜念、妄念。陶淵明〈飲酒〉詩：「結廬在人境，而無車馬喧。問君何能爾，心遠地自偏。」心境幽遠自在，雖在塵囂，能似仙境。修行不必到深山，人間到處都是道場，最重要的是要心靈簡單。心靈簡單才能保持心靈的純淨；心靈簡單，才不會有太多的羈絆、牽掛，才能自由自適。

感情簡單就是真

每個人都有愛情的理想，但是很少人有理想的愛情。理想的愛情除了靠緣分，也要靠努力經營。每天躲在家裡自怨自嘆沒有男朋友、沒有女朋友是沒有意義的，走出自己的世界，才能接納別人的世界，也被別人的世界所接納。

愛是人類最珍貴的品質，因為有愛，所以有夫婦、父子、兄弟等倫理關係；因為有愛，所以對國家、對社會、對朋友，甚至對不熟悉的人，才能無怨無悔的奉獻與犧牲。愛是信心，愛是力量，愛是人與人之間的坦誠相待，愛是生命迸發出來的熊熊烈火，因為有愛，所以才能活得有意義、有價值。

愛是生活的動力，愛是生命的價值。生命中最大的幸福，是愛與被愛。有人愛是一種幸福，有愛的人也是一種幸福。世界上最悲慘的人就是沒有人愛的人，以及沒有可以愛的人。人生有得意的時候，也有失意的時候。得意的時候，希望有人分享成功的喜悅；失意的時候，希望有人分擔失敗的落寞。有誰能獨享一桌子美食佳餚？有誰能面對孤寂的啃噬而無動於衷？

愛一個人之所以是幸福的理由，是因為心有所主，人生變得亮麗起來。人生有了目標，生活充滿活力、衝勁，再多的辛苦也都能甘之如飴。為了愛，可以犧牲一切；為了愛，可以放棄所有。

被愛所以是幸福的理由，是因為心有所屬。心裡有了歸屬，就有了安全感。有人呵護、有人關心、有人細膩照料、有人噓寒問暖，不是真的很甜美幸福嗎？有了愛，就擁有一切；有了愛，就天長地久。

愛是基本的人性，但是如何表現愛，卻不是先天具備的能力，而是要終生的學習、經營。愛是一種抽象的理念，捉摸難定，我們經常表現的不是太多就是太少，愛的體悟也是各憑造化。但是不管如何，我們必須明白：愛不是你有什麼就給對方什麼，而是對方需要什麼，你能幫他什麼？否則，愛與被愛都是一種負擔、一種痛苦。

愛是一份關懷，愛是一份體貼，愛是一份包容，愛是一份尊重。基督教《哥林多前書》第13章：「愛是恆久忍耐，又有恩慈；愛是不嫉妒，愛是不自誇、不張狂、不做害羞的事，不求自己的利益，不輕易發怒，不計算別人的惡，不喜歡不義、只喜歡真理。凡事盼望、凡事忍耐，愛是永不止息。」這段話給愛做了最完整的詮釋。

愛情是上帝給予的禮物，婚姻是兩性的結合。兩性之間，由友情昇華為愛情，這是很自然的事，戀愛的最後目的就是要走向地毯的另一端。堅固的愛情，不是靠跑車、洋房以及甜言蜜語，而是彼此的信心和愛心。

感情簡單就是感情要專一、專注，兩性的結合，任何一個男人都可以跟任何一個女人生活在一起，只是誰比誰更適合而已。婚姻，不只是找一個合適的對象，也要努力去做一個合適的對象。幸福的婚姻，來自人格的成熟度，婚姻是一種契約行為，講求忠誠。人生像一齣戲，自己是導演、編劇兼演員，人生的這齣戲要如何演，一定要先寫好劇本。選擇所愛，愛所選擇，經過縝密的思考之後，就要勇於承擔，不會每個人都是你的男主角或是女主角，結婚不是試穿衣服，不喜歡的隨時換一件。

老子說：「多則惑。」人生在感情方面也是如此，婚前有太多戀愛的對象，婚後還有別的婚外情，都是愛情的殺手、婚姻的毒藥。目標愈集中，力量就愈集中；感情簡單，感情才能專注。感情專注是誠實的表現，誠實為做人最大的本錢。

做人貴在誠實，誠實的人才會被信任，誠實的人才會被付託重任。誠實的相反詞是欺騙，有些人習慣說謊言，說不真實的話。為了圓謊，往往要編更多的謊，假話遲早會被戳破，謊言早晚是紙包不住火。

感情簡單才能真實，不只男女的感情要簡單真實，一切的人際關係都要愈簡單愈好、愈真實愈好。人性本來都是非常真誠純潔的，就像初生的嬰兒，不識不知、柔弱溫和、純真自然。長大以後，受了後天不良環境的影響，習染漸深，開始有了爭奪、私心；在社會的激烈競爭之下，為了求得生存發展，於是爾虞我詐，各種欺騙、狂亂、傷害的事情便層出不窮，人性純真善良的特質便消耗殆盡。

複雜的人際關係，使我們疲於應對。生活愈簡單愈好，生活簡單，感情就能簡單，感情簡單，就可以滅掉許多不必要的煩惱。

簡單就能放下

人生有很多的困惑，看得破卻跳不過，想得到而做不到。大家都知道不滿足是痛苦的根源，可是仍然執迷不悟，不斷在貪求。沒有希望有，有希望更多，好希望更好，抓著痛苦不放，然後抱怨身疲力竭、心力交瘁。很多人也會告訴自己不要活得太累、太跟自己過不去，可是看到別人努力的拼勁，自己也不由自主地跟進，甚至更搏命演出。

活得美好，其實很簡單，要求不多就很容易滿足。生活的樂趣不在於擁有多少的財富，而在於享受生命的意義和價值。活著要健康、快樂，這就是生命的意義；與人和諧相處，對別人有貢獻，這就是生命的價值。快樂來自簡單的生活，生活複雜了，煩惱就多了。簡單才能平息喧嚷，回歸平靜；複雜帶來困惑，帶來傷害。

輕鬆一身，歡樂一生。怎麼樣才能輕鬆一身，就是要從生命簡單、心靈簡單、感情簡單做起。生活愈簡單愈容易放下煩惱，心靈愈簡單愈容易放下負擔，感情愈簡單愈容易放下爭端。不需要的東西，再便宜都嫌浪費；不需要的東西，再美麗都嫌粗鄙；不需要的東西，再貴重都嫌累贅。美化人生從生活簡單、心靈簡單、感情簡單開始。

13

圓融才能放下

圓是中國人的幸運符號

中國人性好和平，不喜歡壯烈，在戲劇和小說之中，喜劇多，悲劇少，大家喜歡結局的時候，歡歡喜喜大團圓，而不願意以悲傷滅絕的局面收場。也許由於現實的人生已經不夠圓滿，一般人不希望在非真實的生命中，依然充滿哀傷和悲離，因此，儘管悲劇的效果，感人較深切，我們還是比較喜歡圓滿收場的喜劇，在歡笑聲中滿足對現實的缺憾。

圓是中國人的幸運符號，代表吉祥、美滿。每一個人辛苦一輩子就是希望在蓋棺論定的時候，能夠畫上一個圓滿的句號。圓是中國人的最愛，吃的、穿的、戴的、用的，大大小小，幾乎都和圓有關，圓被中國人認為是最美麗的圖形，各種飾品的圖紋，差不多都是從圓形變化出來。

中國人喜歡圓，所有一切與美好、完善有關的人、事與物，一定也和圓字互相關連，譬如做人很周到，稱為圓融；事情很順利，稱為圓滿。可惜現實的人生很難圓滿周全，不能事事令人稱心如意。月的陰晴圓缺，總是圓滿少而殘缺多，從初一盼到十五，終於由上弦月等到滿月，可是才過了十五，又由滿月逐漸成為下弦月。

圓融不是圓滑

人生的圓，只是一個意象，很難加以具體化、規範化。怎樣才圓？在圖形上我們可以用圓規來測量，可是在人生之中卻很難定論，往往才說恰到好處，便已經不夠恰到好處。宇宙的現象，瞬息萬變，就像天上的浮雲蒼狗。人生的圓，常會有變化，因為大環境在變，我們個人也會受到影響，任何的風吹草動，都會影響我們人生之圓的圓，如果沒有小心呵護，就會東倒西歪，失去均衡。

圓融與圓滑，相似而不同，前者是讚美人的話，後者是批評人的話。圓融指的是一個人做人、做事都圓滿融洽，非常周到，不只考慮自己的利益，也會考慮到別人的處境。做人貴在得體，圓融的人能說得體的話、做得體的事。所謂得體的話，是指說該說的話，說對別人有幫助的話而不是傷害別人的話；所謂得體的事，是指做該做的事，做對別人有幫助的事而不是傷害別人的事。立身處世，給人安慰、給人鼓勵、給人方便、給人肯定，都是對別人有幫助的。相反的，批評、指責、嘲諷、鄙吝的語言和行為，都是對別人的傷害。

圓融的人處事通達，人際關係講求和諧，心中有愛，不只愛自己，也能夠愛別人。積極方面是「己立立人，己達達人。」消極方面是「己所不欲，勿施於人。」圓融的人，凡事講求中道，不偏不倚，無過無不及。宇宙的一切現象，皆以得中道而存在。我們在處理事情的時候，最難的是求得恰到好處，如何在兩難之間，得到一個平衡點是很不容易的。

中，不是一分為二，而是不偏的意思，中就是不偏於左，不偏於右，不偏於上，不偏於下，凡事恰到好處，就是中道。

圓滑的人表面上看起來，好像也是很周到的樣子，但是骨子裡卻和圓融的人大相逕庭。圓滑的人凡事以自己的利益為中心，為了自己的利益，可以去傷害別人，為了自己的利益，可以表現得十分卑微，努力去討好別人，說阿諛的話，說奉承的話，說巴結的話，十分的鄉愿，沒有自己的定見，凡事畏首畏尾，沒有擔當，不像圓融的人，柔中帶剛，處世很有原則，剛毅果敢，勇於承擔。

孔子曾說：「君子和而不流，強哉矯！中立而不倚，強哉矯！國有道，不變塞焉，強哉矯！國無道，至死不變，強哉矯！」圓融的人執守中道，圓滑的人則如牆頭草兩邊倒，見人說人話，見鬼說鬼話，一點骨氣也沒有。圓融的人追求人生的圓滿完善，圓滑的人則是消極妥協，模棱兩可，沒有定見，沒有原則。

圓融者的特質

圓融的人秉持中道，以為人生的準則。中道並不是固著在一個點上，而是與時俱進，與時偕行。孔子離開魯國，遲遲而行；孔子離開齊國，接淅而行。魯國是孔子的父母之國，孔子捨不得離開；齊國國君好貨、好色，孔子來不及把米飯煮飯，撈起洗過的米就走人。該快就快，能慢就慢，恆無定準。

孟子也是如此。宋王饋金七十鎰而受、薛王饋金五十鎰而受，齊王饋兼金一百而不受，因為孟子在宋國有遠行，在薛國有安全上的危險，所以可以接受宋王、薛王的饋贈；但是在齊國沒有任何事情，齊王饋兼金一百，則是在賄賂，孟子當然不能接受。所以，該拿才拿，不該拿就不拿，不是拿與不拿的問題。

孔子與孟子心中都有一把尺，衡量是與非、得與失、正與邪、善與惡。處事圓融的人都是如此。

企業的管理，以人為核心，以事為手段，以物為工具，與時間競走，而要達到生存和成長的目的。物是死的，事是人做出來的，時間由人來掌握，所以，企業的成敗，最重要的是人的因素。「企」字沒有「人」就「止」了；人的問題解決了，企業的問題就解決了。我們常說人脈就是錢脈，良好的人際關係，也是人生很重要的財富。圓融的人，處世和諧，非常注重人際關係。為了維持良好的人際關係，圓融的人都很有愛心，樂於服務，樂於奉獻。圓融的人心中有愛，所以待人親切友善，能夠尊重別人、原諒別人、體恤別人、包容別人、接納別人。

圓融的人人格成熟，凡事不會只想到自己，也會想到別人。懂得尊重別人，是人格成熟的特徵。圓融的人處事通達，面面俱到，態度謙讓，心胸寬厚。清代康熙皇帝大學士張英的家人在家鄉與鄰居爭一牆之地，張英作詩：「千里修書為一牆，讓他三尺又何妨。萬里長城今猶在，不見當年秦始皇。」結果雙方各讓三尺，而有「六尺巷」的美談。

圓融才能捨得

圓融的人知道再忙，也要保持輕鬆的心情；再累，也要保持愉快的心情；再衰，也要保持旺盛的鬥志。因為圓融的人通情達理，了解人的一生不會永遠平平順順，凡事都能用樂觀的態度逆來順受。放下是一門生活的藝術，圓融的人有充分的智慧在取捨之間做正確的判斷，能取才取，該放就下。放下壓力才能獲得輕鬆，放下煩惱才能獲得幸福，圓融的人有提起的勇氣，也有放下的智慧。

整天忙碌不休的人，得到的只是焦慮與疲憊。有一個英國探險隊到非洲探險，找了一些非洲土著幫忙提行李和當嚮導，連續走了五天之後，土著要求休息二天，因為日復一日的趕路，靈魂會追不上。我們常常忙到家人找不到我們，我們也找不到自己。圓融的人懂得適時要放下，因為事情永遠忙不完，金錢永遠賺不完，地位永遠爭不完，為了追求名利事業而犧牲健康、家庭，是不合算的。人生早晚會死，我們當然不能坐以待斃，但是一輩子辛苦勞累，虧待自己，虧待家人，卻也不必。

圓融的人不只懂得放下自己，也懂得放下別人。放下自己是智慧，放下別人是慈悲。不是每個人都像我們一樣傑出、一樣聰明、一樣貌美、一樣富有、一樣脾氣，遇到不如我們的人，不認了怎麼辦？何況每個人都有特色，我們要能欣賞自己與別人的特色。我們自己本身並不完美，何忍苛求別人的完美呢？圓融的人有豁達的心胸，包容、接納，甚至放下別人的過失。

放下是人生很難的課題，並不是說放下就能放下，常常是心裡知道要放下、想放下，卻放不下，主要是心裡有罣礙，對事理還不夠通達，另外，就是沒有決心與毅力。圓融的人看破、看透之外，還能劍及履及，該放就放，不管是喜歡的或是不喜歡的，愛憎之心全部放下，因為圓融的人知道不能一直抓著痛苦不放。放下痛苦，才能得到快樂；放下煩惱，才能得到幸福。

圓融才能放下

說放下就放下，人生沒有什麼不能放下的，人生遲早全部都要放下。放下了才會知道早就該放下；放下了才會知道放下並不難；放下了，心就自由。心的自由是快樂的泉源，是幸福的基礎，心的自由，是人生最大的財富。圓融的人明白這個道理，所以努力學習放下。放下執著，就能豁然通達；放下貪念，就能知足常樂；放下傲慢，就能謙虛為懷；放下恐懼，就能平安喜樂；放下自卑，就能自得自信；放下忌妒，就能欣賞別人；放下仇恨，就能釋放自己；放下煩惱，就能悠遊自在。圓融的人能夠接受人生的不圓滿，所以才能夠享受圓滿的人生。

圓融的人知道兄弟爬山各自努力的道理，圓融的人體悟各人吃飯各人飽、各人業力各人了的哲思，老天的事我們管不到，別人的事我們管不到，我們只能管自己的事。很多人除了管自己的事，要管老天的事，也要管別人的事，所以很忙、很累、很煩、很苦。放下老天的事，放下別人的事，就會減少許多煩惱與痛苦，如果也能少管一些自己的事，便會更自在快活多了。

過去之心不可得，未來之心不可得，人常常徘徊在迷悟之間，人心常常被汙染而不清明。放下不是放下需求，而是放下貪求；放下不是放下希望，而是放下奢望。該放下的人就放下，該放下的事就放下，該放下的物就放下，該放下的念頭就放下。一念放下，萬般自在。我們很容易放下有形的重物，卻放不下無形的思慮，壓垮自己的往往不是有形的重物而是無形的思慮，圓融的人知道要放下就要從無形的思慮開始，心放下了，人就放下了。失眠是件很痛苦的事，愈是想睡愈是睡不著，把心放空、放鬆，萬念歸於一念，一念至於無念，不刻意要睡着，就會不自覺安眠了。

心被蒙蔽了，就只見假相而不見真相，只見假我而不見真我。回復清明無染的本心，才能大自得、大自在、大解脫。當下的大徹大悟，就是無住心。《金剛經》

說：「應無所住而生其心。」把心都放下，一念不生，連有無的概念都沒有了，還有什麼得失、禍福的問題呢？圓融的人處世通達，與人無爭、與世無爭，放下欲望，但不是放棄生活，生命是活潑潑的真實的存在，放下只是放下生命的多餘。一個人能放下多少，幸福就有多少。圓融的人隨緣自在，不貪不求，不會自己困住自己，自己綁住自己。

愚者自縛，圓融的人反是。有一種境界叫放下，有一種心態叫捨得，有一種智慧叫包容。圓融的人既能放下，又能捨得，而且能夠包容。

14

不貪才能放下

貪念是使人受苦的主因

佛家講貪、瞋、癡、慢、疑為五毒，貪為五毒之首。貪字不只是貪財、貪名、貪色，也包括貪念，舉凡一切不該有的念頭、想要佔有的心，都叫貪。貪念是使人受苦的主因，佛家講八大苦，「求不得苦」是其中之一。

得到應該得到的東西不叫貪，想要不該得到的東西才叫貪。所謂應該得到的東西、不應該得到的東西，並沒有一個定準，只能以必須和不必須來分界。我們需要的東西很少，想要的東西很多，想要的東西如果是維持生命所需要的，再多都不嫌多，想要的東西如果不是生活中的必需品，就會成為生活的負擔、壓力的來源、痛苦的基礎，尤其在今天這個充滿五光十色的社會裡，各種精美商品不斷以誘人的廣告吸引我們的注意，刺激、鼓勵我們去消費。走進花花綠綠的百貨公司、商場、夜市，沒有不讓人怦然心動。

如果我們的口袋夠深，想要買什麼就有能力買什麼，至多只是奢侈浪費而已，怕的是經濟條件不足，不能逐一滿足無止境的欲望，便會非常懊惱、難過、傷心。

貪念惹禍

貪念是人性的弱點之一，拾金不昧的美德，雖然時有所聞，但是撿到財物而據為己有，犯了侵占罪、吃上官司，被移送法辦的例子，也有不少。景氣不好，盜竊民宅、偷取商家物品的案子，幾乎天天發生。最近有一位婦人因為沒錢給孩子看病，到便利商店偷取感冒藥被抓；另外，有一位男士長久失業，沒有錢吃飯，故意砸郵局的提款機，然後等待警察來抓他去吃牢飯，官逼民反，令人心酸。政府沒有能力照顧一般老百姓，造成很多人失業，是值得反省、檢討。同時，我們卻也看見不少官商勾結的犯罪行為，違法亂紀，前任行政院秘書長林益世索賄案，實在是令人不齒，不但重挫馬英九總統的聲望，也嚴重破壞國家的形象。動搖國本，腐蝕人心，讓人民對政府失去信心。

此外，金光黨利用人心貪婪，貪求暴利，以假亂真；詐騙集團虛設空頭公司，詐騙無知百姓大筆金錢，購買未上市的股票。還有假借公家機構名義，利用電話或偽造公函，通知人民罰單逾期未繳，水電、瓦斯、電話費未繳或退費，或是詐騙中獎，要求提供身分資料、銀行帳號，進行詐騙、盜取銀行存款，真是令人心寒、害怕。

戒貪從心做起

老子的人生智慧告訴我們，人生的痛苦，主要是因為私心太重。人所以會有私心，是由於把自己看的太重，欲望太多；欲望太多，就很難有滿足的時候。每個人都希望求福辭禍，可是因為欲望太多，人的能力不能滿足欲望的追求，就會帶來煩惱與痛苦；為了追求無止境的欲望，疲於奔命，勞心勞力，則是得不償失。在欲望的取捨上，難捨難得的困惑，令人苦惱不堪，未得其福，先得其禍，不是求福辭禍，而是求禍辭福。

大家都希望過好日子，什麼是好日子呢？簡單的說，就是平平安安，食衣無缺，想怎麼樣就能怎麼樣。這是很難得的，因為天有不測風雲，人有旦夕禍福，很多的天災、人禍，都不是人能預料的，而且人生不如意事雖然不至於十常八、九，至少也十之五、六，心想事成，隨心所欲，只是祝福的話，在真實的人生裡，往往是事與願違。

蘇軾詩：「耕者欲雨刈者晴，去者順風來者逆。若使人人禱輒應，造物應需日千變。」耕田的人希望下雨天好犁田，收割的人卻希望晴天能晒穀；一路上一邊是順風，另一邊就是逆風。如果每個人的祈禱都能靈驗，老天一天就要千次變化了。順了姑意，逆了嫂意，天下事很少能兩全其美。有得有失，得失互見，不該是屬於自己的東西，硬是要到手，總有一天還是會失去。

人生是有限的歲月、有限的體力、有限的財富，人的一生所能求到、得到的東西很有限，如果人的貪念不能知止、知足，不能量力而為，適可而止，便會跌入痛苦的深淵。因為貪念而不小心失足，輕則傷及肌膚、傷及筋骨，重則粉身碎骨，家破人亡，不可不慎。

佛家三寶：戒、定、慧

戒貪要從心做起。一個人的動心起念，影響他的行為舉止。我們隨時要保持一顆清明的心，知所進退，知所取捨。佛家三寶：戒、定、慧。戒就是戒掉一切名、利、情、欲，戒掉一切執著心，讓自己不為任何事物所困；定，就是把心安定下來，內心安定，就不會躁動、妄亂、亂動；慧，就是有智慧了解宇宙的真理，對一切事物都能豁然開悟。持戒、禪定、智慧，又稱三無漏學，可以解脫三界生死輪迴的束縛、煩惱。心能持戒曰戒，心能安定曰定，心有智慧曰慧，三者都是心的教育，戒生定，定生慧，慧生戒，三者相互體用，相互輝映。

心地沒有邪念就是本性的戒，心地不亂就是本性的定，心地無癡就是本性的慧。心是人生的活泉，一個人能自得自在，內心才能有個安頓。今天的社會，物質的社會非常迷亂，各種的誘惑，好吃又好玩，緊張又刺激，令人流連忘返。貪圖一時的享受，可能就會惹來許多的禍害，一般人定性不足，往往只見其利，不見其弊，先享受再說，而沒有考慮後果，大吃大喝而傷了腸胃，瘋狂玩樂而傾家蕩產，很多不幸的事，常是一時糊塗，忍不住誘惑的結果。

古人談修養，有所謂定、靜、安、慮、得的工夫，定放在第一位。心有定向，心不妄動，心才能平靜；心能平靜，人才能從容安閒；人能從容安閒，才能詳密思慮；能詳密思慮，處事才能得其所正而不偏邪。

定，並不是不動，而是不妄動，要動靜得宜。人的生命是活潑潑的，有無限開展的生機。講求定字的修養，並非教人萬念俱滅，毫無生意；而是在飄渺的人生大海中，能夠確定努力的方向，心無旁騖，不受各種不當誘惑的影響。人生最重要的是求得一顆安定的心，內心安定下來，才不會徬徨猶豫，經不起花花綠綠的塵世誘惑，而心存貪念。

不貪才能放下

放下才能快樂，放下才能幸福，怎麼樣才能放下？不貪才能放下。如果一個人的內心一直有著貪念，不管是貪財、貪名、貪色，或是其他各種的依戀，心被綁住了、困住了，便不得自由，便有罣礙，便會產生煩惱與痛苦。

錢不是萬能，但是沒有錢萬萬不能。貧賤夫妻百世哀，很多家庭的爭執，都是因為一個窮字，沒有一個餓肚子的人能笑得出來。錢不是唯一的可愛，但是錢真得很可愛，有錢可以做很多事，有錢除了可以提供自己和家人富裕的物質生活，也可以幫助社會上許多孤苦無助的人，也可以辦理各種公益活動、公益事業。金錢如水，水能載舟亦能覆舟，金錢可以使人腐敗墮落，也可以救人濟世。

當然，凡事過猶不及，我們對金錢的追求要量力而為，不可盲目胡亂衝撞，本末之間，當然個人的健康、快樂，家庭的和諧、幸福是本，財富相對就是末了。放下對財富的貪念，並不是不去取財富，而是權衡得失、利弊，孰輕孰重？孰先孰後？如果力有所及，財富的獲得當然多多益善，如果因為追求財富而要犧牲更為重要的生活品質、人生幸福，當然就要知所取捨了。

天下事一得一失，有了財富，就要能忍受別人的忌妒；有了聲名，就要能忍受別人的誣衊；一個人享有財富、地位，就會失自由與悠閒。擁有財富，未必享有財富，享受青山綠水卻不必擁有青山綠水。

莊子家貧，曾經告貸於監河侯，監河侯說：等他收了租金再借莊子三百金。莊子已經窮得沒有飯吃，怎麼等得及監河侯收租金？可是莊子人窮志不窮，楚王曾派大夫送禮邀請莊子到楚國作官，莊子寧可像活著的龜在泥地爬行，也不願像死的神龜被供奉在廟堂之上，而自比為「非梧桐不止，非練實不食，非醴泉不飲」的鵷鶵，而把梁國的相位比喻為鴟鳥口中的腐鼠。莊子能夠放下權力、放下富貴、放下名位，所以才能享受自由自在、無拘無束的生活。

天下沒有白吃的午餐

但丁《神曲》魔鬼撒旦對世人說：「你要名，要利，要權力，要美人，我都可以給你，但是要用靈魂來交換。」天下沒有不勞而獲的事，沒有白吃的午餐，有所得必須有所捨。在政壇上沒有永遠的朋友，也沒有永遠的敵人，在分分合合之間，利益是最大的考量，道義放兩旁。眼看他起高樓，眼看他宴賓客，眼看他樓塌了。不只有「富不過三代」的俗諺，也有「一朝天子一朝臣」的說法。

放不下權力、名位的悲慘下場，屢見不鮮。「飛鳥盡，良弓藏；狡兔死，走狗烹。」戰國時代越王勾踐滅吳國，歸功於范蠡和文種兩位大臣，范蠡勸文種功成身退，認為勾踐是可以共患難而不能共安樂的國君，可惜文種不聽勸告，結果不得善終。韓信幫助劉邦消滅楚王項羽，建立大漢江山，項羽死後，劉邦迅速奪取韓信兵權，韓信被迫謀反，被呂后、張良設計殺害，死前大喊：「果若人言，狡兔死，狗肉烹；高鳥盡，良弓藏；敵國破，謀臣亡。天下已定，我固當烹。」

另外，李斯幫助秦始皇統一六國，後來因為和趙高爭權，被秦二世腰斬於咸陽，臨死前對兒子說：「我想和你牽著黃狗，一起出上蔡城的東門獵兔，難道還能嗎？」父子相泣。真是既有今日，何必當初，令人不禁扼腕嘆息。

唐朝小說《枕中記》一文中，盧生夢中享盡榮華富貴，其中曾經被陷害下獄，惶駭不惻，盧生對他妻子說：「吾家山東，有良田五頃，足以禦寒餒，何苦求祿？而今及此，思衣裼，乘青駒，行邯鄲道中，不可得也。」頗有警世、醒世的作用。盧生夢醒的時候，客棧主人蒸的黍還沒熟，可見所謂寵辱、窮達、得喪、生死，都只是無常、飄忽、短暫的過客而已。深悟此理，怎能不放下所有的貪念呢？

情傷難忘，有人把愛情當作生命中的一切，把戀人看得比自己重要，萬一分手，就好像失去生活重心，不知如何活下去？當愛已消逝，有人躲在黑暗的角落裡拭淚，有人則能勇敢的站起來。失掉愛人不能失掉愛，失掉一個你愛的人，還有很多人值得你的愛、需要你的愛。捨得放下，學會忘記，才能享受幸福。

失掉一些，不等於失掉全部；擁有不多，不表示一無所有，我們對於愛情的執著，常常會是一生難忘的痛。古今帝王將相，不愛江山愛美人，或是因沉溺女色誤國的，也有不少。周幽王為了取悅褒姒，舉烽火召集諸侯於驪山前，贏得褒姒開懷大笑。後來褒姒勾結權臣廢申后及太子宜臼，申后之父聯合鄫侯及犬戎入寇，周幽王舉烽火示警，諸侯以為又是騙局而不願前往救援，以至幽王被犬戎所弒。

唐玄宗李隆基在位的前半期，是唐朝的盛世，後來因為任用李林甫、楊國忠等奸臣，又寵幸楊貴妃，以致發生安史之亂。倉皇之間逃至馬嵬驛，眾軍要求唐玄宗賜死楊貴妃，否則不肯繼續護駕西行，唐玄宗只好忍痛犧牲楊貴妃。

明朝流寇李自成攻破北京，擄走吳三桂愛妾陳圓圓，吳三桂一怒為紅顏，引清兵入關，導致明朝滅亡，留下千古罪名。

歷史的往事，我們當然不應該說紅顏是禍水，但是舉目可見許多紅男綠女走不出情愛的糾纏，做出非常不理性的行為，傷人傷己，留下許多不可彌補的憾事，釀造不少人間悲劇，真是非常不幸。放下情愛的貪念，釋出心中的怨怒仇恨，才能發揮一股善的力量，懷抱對生命無窮的希望與熱情。

15

無求才能放下

人到無求品自高

人到無求品自高。誰最大？不求人的人最大。一個人對天地、對別人要求愈少，愈有尊嚴，所以人生最重要的是要能夠自立自強，只有乞丐才不斷伸手向人要錢，乞丐是等待被施捨的人，沒有人願意像乞丐一樣等著被施捨。

我們常常求於天者太多、求於人者太多，求於己者太多。當我們的所求不能逐一實現時，我們的內心便充滿煩惱與痛苦、不安與恐懼、憤怒與怨恨。很多人買彩券而沒中獎，就砸佛像出氣；很多人得不到別人的幫助，便口出惡言、怒目相向；很多人努力了很久而功敗垂成，就抱怨自己不夠聰明、能力不足。當一個人心裡充滿怨、怒、恨的時候，怎麼會活得開心，活得快樂呢？

放下太多的要求，是讓自己得到快樂的不二途徑。快樂不是得到很多，快樂是要求不多。要求不多就很容易滿足。

有所得必有所失

求是為了得，求不得很苦，求得也未必能樂。我們常常付出很大的代價，努力追求我們想要的東西，等到得到手之後，才發現所得不是所要，何況天下事一得一失，沒有白吃的午餐，沒有不勞而獲的事。

英國小說家毛姆有一篇短篇小說《珍珠項鍊》，描寫一位女僕向她的女主人借一串珍珠項鍊去參加宴會，不慎把那串珍珠項鍊丟了，只好做很長的工，在事隔多年後，用賺到的錢買一串新的項鍊還給女主人。女主人很訝異的說，她早忘了這件事，她借給女僕的只是一串假的珍珠項鍊，這串真的珍珠項鍊還是讓女僕自己留著吧！女僕用多年的青春只換回一串珍珠項鍊。這篇小說寓意非常深遠，我們往往為了一個目的而付出慘重的代價，項鍊可以用金錢買到，可是青春無價。

歲月不回頭，時光不倒流。我們的一生只有數十寒暑而已，扣掉吃飯、睡覺和休息，我們能掌握的時間並不多。也許有人胸無大志，能平安過日子就好，活一生與活一天沒有差別，但是有更多數的人一定認為，如果有機會絕不要虛度此生。一個人要快樂、充實的過一生，不一定要立大功、立大業，懷抱救人濟世的雄心大志，但是至少自己要能過幾天、幾年好日子，不愁吃、不愁穿，能夠照顧家人，能夠到處旅遊，能夠有錢享受優質的生活。

人生的至境，是每個生命的自我完成。我們應該常常這樣想：如果有機會我想做什麼？我能做什麼？我該做什麼？這些想做、能做、該做的事，怎麼樣排出優先次序，何者為輕？何者為重？何者當急？何者可緩？才不會亂了分寸。事從容則有餘韻，人從容則有餘年。最重要的是要能了解那些東西是非要不可的？那些東西是可有可無的？那些東西是完全沒用的？釐清生命中的帳單、清冊，我們比較能夠衡量自己的能力，不會去承擔超過自己所能負荷的事情，而造成自己的壓力，帶給自己許多的煩惱與痛苦。

得與失是一體的兩面，有所得必有所失。生命中非要不可的東西，再多的辛苦都應該去求取；生命中可有可無的東西、沒有用的東西，則要仔細斟酌，權衡利害，千萬不必為了爭強好勝、愛面子，勉強去做出自己力所不逮的事。

有單純的幸福

要求不是不求，而是不貪求。存在是生命的第一要義，命都沒有了，還奢談什麼呢？為了活命，所有飲食起居應該要有的條件，不能不有、不求，至於豪華奢靡的物質享受，則視個人的條件而定，有錢不必裝窮，沒錢也不必裝闊。人生最大的幸福，就是能夠當家作主，做自己生命的主人，想怎麼樣過日子，就有能力過什麼樣的日子。

當然，欲望愈少愈容易滿足。人生的欲望，不只是物質上的追求，也有精神上的追求。清代紀曉嵐陪乾隆皇帝遊錢塘江，所見江上往來的船隻，不是為名就是為利。的確，逐名求利是很多人的人生目標，有理想才有努力的動力，但是如果理想只是遙不可及的夢想、幻想，就沒有多大意義。人生有夢最美、築夢踏實，一個人做人做事能夠量力而為，才不會自討苦吃、自找罪受。

人生的陷溺，往往因為不知足，尤其是對物欲的追求，永無止境。因為不知止、不知足，就疲於奔命，愈陷愈深，以致無以自拔，不只害了自己，可能還會累及親人，甚至傷及無辜。其次，人生的災禍，往往是一個爭字，十次車禍九次快，如行人闖紅燈被撞傷，都是急在一時才會發生不幸的意外事故；各種人事的爭執，如果能夠謙和退讓，就可以相安無事。

人生的痛苦往往因為太執著，我們對所求的人、事、物有太多的依戀，捨不得放下，是造成痛苦的最大來源。所求愈多，壓力愈大；壓力愈大，痛苦愈深。所以降低對各種欲望的需求，就能降低壓力、減少痛苦。人生貴在自得自樂，怎麼樣才能夠自得自樂？當我們對別人、對外物要求愈少、依賴愈低，我們的心靈就能愈自由、愈開放、愈自得自在。

最大的善是不求回報

為善最樂。俗話說：「助人為快樂之本。」為什麼助人為快樂之本呢？因為能夠幫助別人，表示自己行有餘力，是對自己生命的肯定；否則，如果自己都活不下去，怎麼還有能力助人呢？另外，人生有苦有樂，人在幫助別人的時候，就會忘了自己的痛苦；在看到別人比自己更苦時，自己內心就釋懷了。

有一個家庭，先生不幸在九二一大地震罹難，太太一直走不出心裡的傷痛，非常悲苦。直到有一天接受慈濟人的協助，才逐漸釋放出心中的哀慟，並且也能去幫助往生者的助念和參加各種義工的工作，不只走出自己心中的牢籠，也有能力走進別人的生命，用自己的經驗幫助別人走出哀傷。

如果一個人老是關在家裡想到自己的辛苦、委曲、傷痛，他就只能一直沉浸在辛苦、委曲、傷痛的負面情緒之中，他的人生是黑暗的、悲哀的、難過的。面對人生的苦難，我們要勇敢走出去，我們將會發現天下傷心人不只是自己，我們很苦，還有很多人比我們更苦。生活在今天壓力這麼沉重的社會裡，誰不辛苦呢？誰沒煩惱呢？人生有各種的苦，有人為健康所苦，有人為金錢所苦，有人為事業所苦，有人為愛情所苦，各有各的苦。如果比我們不幸的人都能活得很開心、很自在，我們有什麼理由不快樂呢？

家家有本難念的經，每個人都有說不出口的痛。我們雖然很苦，但不會是最苦。我們能幫助別人的地方，不一定是財富，一句鼓勵的話，一句安慰的話，一句肯定的話，可能勝過千萬元的珠寶。不是每個人都缺錢，但是每個人都需要愛；不是每個人都有錢，但是每個人都有愛。不要把心中的愛儲放在冰箱，不要吝惜付出自己的愛。

愛與善因為分享而更多，我們不會因為付出了愛與善就不再有愛與善，愛與善是源源不絕、生生不息的動力，我們在付出愛與善的同時，我們得到自我的肯定，也得到別人的感激，不求回報的愛與善是生命的價值。

名利如海水，愈飲愈渴

名利如海水，愈飲愈渴。一個人如果名利之心不絕，就會煩惱、痛苦不斷。人生有太多值得追求的東西，五花八門、形形色色的新產品，透過媒體廣告，經常吸引我們的眼光，刺激我們去消費，如果我們不能自制，就會見一樣買一樣，買到許多未必實用的東西，增添不必要的困擾。

想要買的東西，超過我們的經濟能力，那是很難受的；想要得到的東西，沒有能力得到，那是很苦惱的。我們想得到的東西，未必全是物質上的滿足，也包括精神上的各種欲望，譬如愛情、事業、人際關係、社會地位……等等。不管是物質上的或是精神上的欲望，人都有一種渴望，希望得之而後快。

人貴自知，我們應該很清楚知道自己想要什麼？該要什麼？能要什麼？適合別人的東西，未必適合於我們，我們只能要該要的東西，要能要的東西；想要的東西，未必是我們該要的、能要的。

做人要有度，過量的東西，無益而有害。很多人喜歡吃補品、維他命，所有的補品、維他命，對健康都有幫助，但是吃過量了，不但無益於健康，反而是一種傷害。唱歌、跳舞、與朋友小酌，都是很好的休閒活動，但是縱情聲色情慾，不只傷財而且傷身。

人的一生，有人說是來討債的，有人說是來還債的，佛家主張前世因，今世果；今世因，後世果。因果輪迴的思想，當然有勸世警俗的作用。不管我們是來討債的或是還債，是來享福或是吃苦，總是有福不要享盡，有苦要多擔待，以平常的心過好每一天的生活。平安是福，過度的享受，會轉樂為苦；虛心的承受，也會轉悲為喜。

無求才能放下

內心有執著的念頭，就會有罣礙難行的路。人生的道路，成千上百，條條道路都可以通往幸福之門，只要能夠放下貪求的心、得失的心、比較的心、計較的心，人生何處不是風景？人是自己捆住自己、綁住自己，心無所求，就能淨空明亮，而一無罣礙。

人生的痛苦，多半來自太多的壓力，壓力的產生，則源於無盡的貪求。只有能力過一般的生活，卻要過奢華的日子，當然就有很大的壓力。困住自己的是自己，也只有自己能解困，解除壓力就是放下身上的包袱。

放下身上的包袱，才能輕鬆愉快。解除壓力之道，要從無求開始，減少要求，就減輕壓力；要求愈少，壓力愈輕。懂得不要求的人，才是聰明的人、有智慧的人；懂得不要求的人，才會是快樂的人、幸福的人。

16

守柔才能放下

柔弱者生之徒

《老子》第76章：「人之生也柔弱，其死也堅強；萬物草木之生也柔脆，其死也枯槁。故堅強者死之徒，柔弱者生之徒。是以兵強則不勝，木強則兵。強大處下，柔弱處上。」老子主張守柔處下，一方面是從人體的生理結構來看，另一方面是從自然界的生長現象來看。人在活著的時候，身體是柔軟的，死後就變為僵硬；花草樹木生長的時候，形質是柔脆的，死後就變為枯槁。

「柔弱者生之徒」、「堅強者死之徒」，凡是柔弱的，都是屬於生存的一類；凡是堅強的，都是屬於死亡的一類。老子另外列舉兵勢與樹木為例。兵勢強大，恃強而驕，反而不能取勝；樹木強大，為工匠所需，容易遭受砍伐。所以老子得到一個結論：凡是強大的，反而處於下位；凡是柔弱的，反而處在上位。

剛強易摧，為老子所戒。天下任何事物有時看起來是得益，其實是受損，有時看起來是受損，其實卻是得益。中國古代王公貴人知道這個道理，寧願自損，自稱孤、寡、不穀。以賤示天下，不敢為天下先。

老子守柔的哲學

《老子》第28章：「知其雄，守其雌，為天下谿，為天下谿，常德不離，復歸於嬰兒。知其白，守其黑，為天下式。為天下式，常德不忒，復歸於無極。知其榮，守其辱，為天下谷。為天下谷，常德乃足，復歸於樸。」雄尊而雌卑，雄剛而雌柔，雄動而雌靜。知雄守雌，即知尊守卑，知剛守柔，知動守靜。「知白，守黑」，知道光明的好處，而寧願處於黑暗。

守柔是為了不爭。是非總因強出頭，老子告誡世人不要好爭，好爭的人往往什麼都爭不到，即使勉強爭到手，也會給自己帶來不安與痛苦。不爭的人，內心一片祥和和安樂，同時，因為他不與人相爭，所以沒有人會與他爭。

人生的災禍，多半來自一個爭字。商場失和、家庭反目，以及許許多多人事的糾紛，常常是因為不能謙下退讓。《老子》第79章：「和大怨，必有餘怨，安可以為善？是以堅人執左契，而不責於人。」如果有重大的仇怨，縱使已經調和了，還會有餘怨，這怎能算是好辦法呢？中國古代聖人待人，主張謙下柔弱而不苛責於人，就像拿著左契的人，等著拿右契的人來索取。古代以契為信，雙方各執一半，右契為上，左契為下，相當於現在的存根。

老子守柔的哲學，常常舉水為例。《老子》第78章：「天下莫柔於水，而攻堅強者莫之能勝。」世上沒有比水更柔弱的東西，但是水能懷山襄陵，磨鐵消銅，任何可以攻堅克強的東西，都不能勝過它。水的特質，不只是柔弱，而且是善於自處卑下。《老子》第66章：「江海所以能為百谷王者，以其善下之，故能為百谷王。」江海能廣納百川，使天下的河流奔往匯歸，成為百川之王，是因為它善於自處低下的地位。另外，水還能忍辱負重，不辭污穢，去眾物不願意去的地方，做眾物不願意的事，以博大的心胸，滋養蒼生。《老子》第8章：「上善若水，水善利萬物而不爭，處眾人之所惡，故幾於道。」水能滋養萬物，但是不和萬物相爭，蓄積在大家所厭惡的卑下之處。

老子是個很有智慧的人，他從大自然中觀察到許多人生的哲理，譬如《老子》第23章：「飄風不終朝，驟雨不終日。」體悟人生的無常；從江海善下而為百谷王，體悟人要謙下退讓；從水的柔弱而能馳騁天下至堅，體悟柔弱勝剛強，柔能克剛。

柔弱不是軟弱

柔弱不是軟弱，軟弱是怯弱、懦弱、脆弱、虛弱。個性軟弱的人，往往是內向、害羞、閉塞、憂鬱、畏怯。凡事沒有主張、定見，做事猶豫不決，沒有擔當，不敢負責任，臨事退縮，很難成就大事業，在生活上、工作上、情感上，常常是失敗者，因為拿不起又放不下，很難得到幸福、快樂。

柔弱與軟弱，相似而不同。英國大文豪莎士比亞曾經說：「女人，你的名字是弱者。」但是女人當了母親之後，卻能表現無比的毅力和負責的態度，女人當了母親之後的韌性和堅強，令人尊敬。當然，女性的韌性與堅強，未必是要當了母親之後才會有的表現，女性溫柔體貼的個性之外，同時也可以呈現堅韌剛強的一面。

柔弱不是弱者的表現，柔弱所體現的是柔軟、柔和等等良善的一面，有它的積極性、強大性、發展性、主動性。「以柔克剛」的「柔」不是「弱」，而是「軟」、「和」、「韌」，是軟中帶硬，剛柔相濟。守柔才不會剛強執著，我們常常因為心太剛強，所以跌得鼻青臉腫，心柔軟了，人就可愛了。每次颱風過境，被連根拔起的都是硬挺的大樹，而不是柔弱的小草。

天地之道，剛柔相濟

氣是宇宙生命的本源，《易傳・繫辭》：「是故易有太極，是生兩儀。兩儀生四象，四象生八卦。」太極是絕對的太一，無形無象，是天地未分之前的渾沌元氣，太極因著自身的變化，出生兩儀，宋周敦頤《太極圖說》：「無極而太極，太極動而生陽，動極而靜，靜而生陰，靜極復動。一動一靜互為其根，分陰分陽，兩儀立焉。」周敦頤以太極的動靜，分陰分陽，解釋《易傳》「太極生兩儀」的說法。「兩儀」，即是陰陽。陰、陽二氣，陰為柔，陽為剛；陰為暗，陽為明；陰為弱，陽為強。人在天地之間。稟氣所生，男為陽，女為陰，男生表現陽剛之美，女生表現陰柔之美。「一陰一陽之謂道。」陰陽調和，就是正道。

氣有剛柔。每個人稟氣不同，有人陽氣多一點，有人陰氣多一點，因此，每個人先天的稟賦，在個性上就有剛強與柔弱的不同。剛中有柔，柔中帶剛。氣是人的精神表現，氣在人體之中，是生命的活動力，生理之氣與心理之氣互為影響，身體強壯的人，一般而言，比較有信心、有活動力、有進取精神，而體弱多病的人，往往是消極悲觀、沒有活動力、沒有企圖心。

氣在天地之間，陰陽相生，剛柔相濟；氣在人情事理上也需如此。一味的柔弱則將優柔寡斷，流為軟弱、怯懦；一味的剛強則將剛愎自用，流為自大、自負、驕傲。

體天而行，守柔卑下

人在天地之間，只是萬物之一，天地浩瀚，人不能主導一切，面對無垠的世界，人要學會守柔卑下。《老子》第29章：「天下神器，不可為也，不可執也，為者敗之，執者失之。故物或行或隨，或歔或吹；或強或羸；或挫或隳。是以聖人去甚，去奢，去泰。」面對宇宙萬事萬物，我們真的沒有能力可以有太多作為，勉強想要有所作為，是吃力不討好，是自討苦吃，我們只能順應天道，該怎麼樣就怎麼樣，不是想怎麼樣就怎麼樣。《中庸》第一章：「天命之謂性，率性之謂道，修道之謂教。」有些人把「率性」誤會為「任性」，以為想吃就吃，想睡就睡，不想吃就不吃，不想睡就不睡，這就是「率性」，其實，「率性」的真諦是「順性」，是該吃就吃，不該吃就不吃；該睡就睡，不該睡就不睡。

《老子》第59章：「治人事天，莫若嗇。」嗇是儉約，治人事天要順應自然，不要自作主張。我們總是急於表現、急於出頭。老子早就告訴我們「不爭無尤」的道理，很多人卻爭得頭破血流。

人站在高山、大海之前，才能看到自己的渺小、卑微。有些人有了一點小小的成就，就洋洋得意，不可一世，自以為非常了不起，而且恃才傲物，以為天地之間他最偉大。其實，有如坎井之蛙，以井窺天，見識非常有限。一個驕傲的人，往往也會表現頑強倔強的個性，不服輸、不合群、獨斷獨行、自信狂傲，這樣的人終必是要失敗的。就像楚漢相爭的項羽，兵敗垓下，放棄東山再起的機會，自刎於烏江，死前還怪罪天亡我也，而沒有檢討自己的個性，所謂逞匹夫之勇，濫殺無辜，又有勇無謀，不善收攬人才。剛愎自用，才是他最大的致命傷。權傾一時的拿破崙、希特勒，也都因剛愎自用四字而敗亡。

守柔卑下的人，有著成熟的人格特質。柔弱的人表面看起來很溫和，內心卻十分韌強。真正的強，不是剛強而是韌強；卑下示弱的人，是以退為進，以守為攻，不與人爭的人，沒有人會與他爭。

人是很脆弱的，天命難測，很多的意外，都是人算計不到的。每個人的內心也都有軟弱的一面，當壓力大到不能承擔、負荷時，人的心理就會崩潰瓦解。再堅強的人也會有不堪沉重壓力的時候，人倒不必刻意去掩飾，每個人的生命都會有一些不同的缺口，有的大、有的小、有的多、有的少，怎麼樣給生命的缺口找出口，是人生非常重要的課題。

老子的人生理想，是自然的生活，即所謂「小國寡民」、「鄰國相望，雞犬之聲相聞，老死不相往來。」我們生在二十一世紀，當然不能再回到原始的初民社會。人來自自然，終必要回到自然，自然的生活是最真實的生活。儘管我們不能脫離世俗的喧囂，但是，我們仍然可以保有自由的心靈。生活本來可以很簡單，只是我們把它複雜化，體天而行，守柔卑下，是叩開幸福之門最重要的鑰匙。

守柔才能放下

很多人都知道放下才能快樂、放下才能幸福，可是偏偏就是放不下。想放下而不能放下，是一件很痛苦的事，為什麼會放不下呢？主要是因為心太剛強、心太執著。道是宇宙生命的本源，道是自然的秩序。天地萬物所以能夠生生不息，流行億萬年，主要是基於兩個原理，一個是《老子》第40章所說：「反者，道之動；弱者，道之用。」道的本體雖然虛無，道的作用卻是無窮無盡、循環反覆，道在循環反覆的運作中，化生天地萬物，而且是以柔弱的方式在進行，雖然很小、很慢，小到我們看不見，慢到我們感覺不出來，但持續的變化是道體永遠不變的作用。另外，道的運作是相反相成，「禍兮福之所倚，福兮禍之所伏。」禍與福相倚相伏，禍中有福的因，福中有禍的因，所謂的禍福得失，原無一定。至於美醜、善惡也是相對的概念，大家都要美善，不要醜惡，但是為了愛美厭醜、趨善避惡，以致紛爭迭起，未見其利，先蒙其害。

從道體運行的兩大原則來看，首先，我們了解宇宙是變動不羈，成也、毀也，得也、失也，都是短暫的，都是無常的，快樂、不快樂的事全都會過去。既然如此，我們有什麼好執著、好放不下的呢？再者，宇宙萬事萬物，都是相輔相成，所謂得與失、成與敗、美於醜、善於惡，都是相對的，都不是絕對的。有錢的人比窮人有錢，有錢人比更有錢的人，仍是窮者而已；高個子比矮個子高，但比更高的人，仍然嫌矮。其他所謂美醜、智愚、強弱的概念，也都是如此。既然這樣，我們還有什麼好計較、比較的呢？還有什麼好執著、放不下的呢？

柔軟的心使我們的心更寬，視野更遠、更大，更有彈性、更有空間，不拘泥於一時的成敗、得失、禍福而沾沾自喜或悔恨交加。能夠以一顆開放的心、豁達的心、平常的心，去處理起起落落的無常人生，放下一切束縛、罣礙、煩惱與痛苦，才能擁有一顆自由愉悅的心情。

17

不爭才能放下

快樂來自簡單的生活

追求幸福美滿的生活、和諧快樂的人生，是每一個人心中共同的願望，但是能夠心想事成、順心如意的人並不是很多，多半的人仍然生活在煩惱痛苦之中。論其原因，主要是私心太重、欲望太多。因為私心太重，凡事都只想到自己，或是先想到自己，患得患失心理的作祟，雖然是要趨榮避辱，求福辭禍，結果卻背道而馳，求禍而辭福，趨辱而避榮。唯有泯滅自我、小我的執著與貪念，把私心掃除乾淨，才能解除人生的痛苦。

另外，人對欲望太多的貪求，也是造成煩惱的主因之一。人的欲望無窮，而人能滿足欲望的能力是有限的，當人的能力不能滿足無窮的欲望時，就會很痛苦、很不安，解決之道，當然是要懂得節制，要知止、知足。

快樂來自簡單的生活，因為生活簡單，要求不多，就能很容易滿足。知足的人心存感恩、感激、感謝，內心永遠充滿喜樂；由於力求生活簡單，對於財富、地位的追逐，就會看輕、看淡、看破、看透，就不會有爭強好勝的心、爭名奪利的心、逞強鬥狠的心，也不會爾虞我詐、勾心鬥角，甚至到拚個你死我活的地步。心境平和，坦然自處，就沒有是非的糾葛，人事的紛爭。

人生有什麼好爭

人生如夢，人生不過數十寒暑，過一天就少一天，人生就像一盒面紙，每天抽取，總有一天會抽完。人生沒有什麼好計較，人生是計較不完的。得又如何？失又如何？得與失，都像潮來潮往，都會過去；快樂也罷，痛苦也罷，人的一生，一回哭、一回笑、一回又哭又笑，一回哭笑不得。每一個人在這個世界上，都是獨一無二的，人生最重要的是如何才能活得健康、活得快樂，在有生之年，好好享受人生，不要有缺憾。人生是比較不完的，人外有人，天外有天，比財富、比地位、比聰明、比美貌、比事業、比家庭，怎麼比都比不完，比來比去，不會得到快樂，反而是煩惱與痛苦。喜歡比較的人，一定是不滿足、不知足的人，不滿足是痛苦的根源。

不是有錢就好，平安最好；不是豪宅就好，能睡最好；不是佳餚就好，吃下最好；不是名車就好，安全最好；不是奢華就好，自然最好；不是官大就好，自在最好；不是名大就好，隨緣最好；不是長壽就好，健康最好；不是美貌就好，心善最好；不是情多就好，有愛最好；不是爭強就好，和諧最好；不是鬥勝就好，快樂最好。

屋寬不如心寬，心寬了，世界就寬了。不爭才能贏得真誠、贏得善良、贏得友誼、贏得親情、贏得愛情，贏得金錢買不到的幸福與快樂。

不與天爭

俗話說：「天網恢恢，疏而不失。」天道像一張網，這張天網所籠罩的範圍很廣大，無所不包，它雖然十分稀疏，卻不會有一點的漏失。天在中國，有時是指無意志的天，有時是指有意志的天，前者為自然天道，後者為鬼神蒼天。古代的中國人，不管是對有意志的天，或是無意志的天，都是心存敬畏，任何的天災地變，都被視為是上天對人類的警惕或懲戒，而鬼神對人類心靈及行為的影響，也是十分深遠。

儒家的天道觀，有時是指無意志的天，有時是指有意志的天。《詩經．豳風鴟鴞》：「迨天之未陰雨，徹彼桑土，綢繆牖戶；今此下民，或敢侮予。」指的是自然的天道、無意志的天。《尚書．泰誓》：「天降下民，作之君，作之師。」以及《中庸》：「天之生物，必因其材而篤焉。」則是指有意志的天。

人雖然在天地間是最為靈貴的動物，但是人也只是萬物之一，人不能與天爭遼闊，人不能與地爭廣博，人不能與山爭高峻，人不能與海爭深遠。中國古代夸父逐日的神話故事，只是表現人類的不自量力、自討苦吃而已。天命有常，順天則存，逆天則亡，我們只能順應天命，法天而行，配天之極。

《老子》第25章：「人法地，地法天，天法道，道法自然。」人以自然為師，聖人體道，功成不居。天地對於萬物，「生而不有，為而不恃，長而不宰。」，天地創生萬物，無為而無不為，無心自為，純任自然。生長萬物而不據為己有，作育萬物而不自恃其能，成長萬物而不為萬物的主宰，道的作用微妙深遠而不自居功勞。「功成身退，天之道。」道對創生萬物的功勞，亙古長存。

天命難違。《大學》引《詩經．大雅文王》：「殷之未喪師，克配上帝；儀監於殷，峻命不易。」《孟子．公孫丑》：「天作孽猶可違，自作孽不可活。」《老子》79章：「天道無親，常與善人。」天道雖然毫不偏私，但是永遠降福有德的人，我們應該自求多福，不要自己作孽。

不與人爭

人生的種種災禍，往往是因為一個爭字，爭是非、爭得失、爭快慢、爭大小。許許多多的人事糾紛和大大小小的交通事故，大多因為不能謙下退讓。在現在這個緊張忙碌的社會裡，人際關係非常複雜，難免會有利害衝突的時候，於是爭名奪利、爭寵恃嬌、爭風吃醋，各種為了一己之私，不惜損人害人的行徑，就會層出不窮。占了別人便宜，別人就吃虧，而沒有人是願意吃虧的，爭奪不已的結果，勝者雖然欣喜，敗者必然心懷怨恨，不管是自己吃虧，或是別人受了委曲，總是不免會有怨尤，傷了和氣。

不爭才不會有怨尤。爭字，甲骨文象兩人各持物之一端相爭之形。兩人持物各不相讓是爭，一人持物被另一人所奪是奪，不管是爭或是奪，一定有是非、有得失、有輸贏。名利是天下的公器，人見人愛，很多人為了求取名利，父子反目、兄弟絕情，甚至天下紛擾不斷，戰爭迭起。人生是爭不完的，得逞於一時，未必得逞於一世，一次爭贏了，未必每次都能爭贏。贏了開心，輸就會不開心，人何必做讓自己不開心的事呢？和氣生財，人和為貴。俗話說：「財散則人聚，財聚則人散。」世上有比金錢更重要的東西，就是人情和內心的安定。明朝呂坤《呻吟集》：「不與居積人爭富，不與進取人爭貴，不與矜飾人爭名，不與簡傲人爭禮，不與盛氣人爭是非。」這「五不爭」，真是深得不與人爭的三昧。

有些人表面上雖然不與人爭，但是內心仍然存著不平、不滿，因為他們不是真的能放下，能平和的與別人相處，而是力有不逮，形勢比人強，不得不低身下氣，委屈求全，這樣的人雖然不與人爭，可是內心依然不是很樂意、很歡喜。要能真正做到不與人爭，必須從心理建設做起，了解爭是沒有意義，爭是得不償失，爭是自討沒趣，爭是損人未必利己，爭是成敗難料。從大處、遠處、高處來看，很多爭得面紅耳赤、爭得大打出手、爭得你死我活的事，實在都是微不足道的蠅頭小利、雞毛蒜皮的細微瑣事。

不與人爭並不是沒有能力與人爭，也不是不屑與人爭，而是不必與人爭。因為爭到了未必有好處，爭不到一定有壞處。不管名或利，擁有太多未必是福氣，匹夫無罪，懷璧其罪，因為享有盛名、多金而惹爭端禍害的，古今中外不勝枚舉。平安是福，清靜是福，沒有爭議、爭論、爭執是福。

不與己爭

每個人走向天堂的路，不會都是筆直的，不管是學業的路、事業的路，或是感情的路，一定是有時平坦，有時崎嶇，有時寬闊，有時狹窄。一個愈能要求自己的人，才會是愈能成功的人，但是要要求而不要苛求，要勉強而不要逞強。人生苦短，人生不會重來，不要為難自己，不要指望人生十全十美。

香港歌手葉倩文唱紅《瀟灑走一回》，幾乎每個人到KTV唱歌，都要點唱這首歌，歌詞是：「天地悠悠，過客匆匆，潮起又潮落。恩恩怨怨，生死白頭，幾人能看透？紅塵呀滾滾，痴痴呀情深，聚散終有時，留一半清醒，留一半醉，至少夢裡有你追隨。我拿青春賭明天，你用真情換此生。歲月不知人間，多少的憂傷，何不瀟灑走一回。」是呀！我們只是過客，不是歸人，在漫漫人生當中，恩恩怨怨，生死白頭，幾人能看透？真應該在半醉半醒的滾滾紅塵當中，瀟灑走一回。

生病是老天給我們的警訊，告訴我們生活必須要改善。有一個非常有名的大律師，曾經是台灣很多家大型企業、公司的法律顧問，生意很忙，生活很累，太太和小孩住在加拿大，他自己一個人在台灣打拼。突然有一天身體不適，醫生檢查是大家聞之變色的癌症，還好發現的早，已經過了五、六年，身體仍然很健康。不過，在檢查罹患絕症的隔天，他就放下令人羨慕的事業，開始過自己想過的生活、該過的生活。人的一生，勞勞碌碌，汲汲營營，到底所求何事？死過才知道怎樣活，沒有從死亡邊緣擦身而過的人，不會真正體會生命的可貴。人生應該好好享受，在每天辛苦工作之餘，有時也要犒賞自己。人生不應該只是像螞蟻或是蜜蜂一樣，整天工作，忙著養活自己而已，不要虧待自己，不必要求自己一定要出人頭地，爭出一片天空。每個人的資質不同、條件不同、能力不同，不是每個人都能成為郭台銘、成為林志玲，人生最重要的是做好自己，從了解自己開始，看重自己、喜歡自己、成就自己、享受自己。每天再忙，留一點時間給自己，留一點空間給自己，留一點生命給自己。一個能善待自己的人，才能寬待別人，沒有一個不愛自己的人而有能力去愛別人；每個人都能愛自己、看重自己，這個世界就不會再有紛爭。我所謂的愛自己，並不是自私自利，而是擴大心胸，學習天地一樣的寬廣，日月一樣的光明。

如果生命只剩下一個星期，我們會想要怎麼過？把每天都當作生命的最後一天，我們就會非常珍惜，而不會再計較、不會再奢求、不會再執著。生命是非常脆弱的，能做多少就做多少，強迫自己追求自己做不到的事，或是勉強去做自己不喜歡做的事，總有一天會把自己逼瘋、逼死。

不爭才能放下

時代在變，社會在變，人心也在變。生活在這個變動的社會裡，我們要如何才能穩住腳步而不迷失、接受挑戰而迎向成功？這是一個非常嚴肅的問題。老子告誡世人不要過分爭求，好爭的人，結果什麼都爭不到，即使爭到了，也會給自己帶來痛苦與不安，而不爭的人則能得到內心的平安和喜樂。

人是萬物之一，我們只能順應天命，不與天爭。不與天爭才能放下人類的貪心與癡迷，放下人類的愚昧與猖狂。

人與人之間相處，要能和諧相愛。天地無情，人間有愛，不與人爭，就不會發生欺騙、傷害、暴力、狂亂的行為，就能放下仇恨、放下怨怒、放下懷疑、放下恐懼。

親愛自己，要從今天開始。人生苦短要珍惜，人生無常要把握，人生多難要小心。人不要為難自己，不要以為要頂天立地、出類拔萃，才算有出息。不與己爭，就是不要逼迫自己、苛求自己，以為幹出一番轟轟烈烈的大事業，光宗耀祖，才較有成就。

人間已經有太多憂傷的事情，令我們煩惱不已，不要再跟自己過不去，好好享受寶貴的生命。

18

節制才能放下

欲望愈多，痛苦就愈多

人的生活需求本來非常簡單，只要少量的食物，人就能夠存活下去，我們卻常常貪求不厭。滿桌的佳餚是一頓飯，清粥小菜也是一頓飯，過量的飲食對我們不但沒有益處，反而是一種傷害。放縱自己暴飲暴食，不但會增加身上的贅肉，帶給自己心理上的困擾，也會因為肥胖而影響身體的健康。

記得以前當學生的時代，整天一套制服，不必為穿衣服的事情傷腦筋，現在滿櫥櫃的衣物，每天出門上班，總為穿那套西裝配那一條領帶而煩惱。再多的襯衫，一次只能穿一件；再大的房子，躺下來也只要三尺、六尺而已。一個人如果不能節制，欲望愈多，痛苦就愈多。只有能節制欲望的人，才能夠享受生命的樂趣。

走在街上，花花綠綠的耀眼，盡是五光十色的看板廣告，有吃的、有穿的、有用的，形形色色，極為誘惑。打開電視的購物臺，各種精美的飾品、家電、旅遊產品，更是令人看得目不暇給，令人心動不已。就怕口袋裡沒有鈔票，不怕口袋裡的鈔票花不完。現在流行簽帳卡，先享受，後付款，更是刺激大家消費；只是大包、小包買得開心，而一大筆、一大筆付款通知寄來的時候，可就要傷心了。

最近看到百貨公司週年慶大特賣，很多民眾擁擠著大血拚，大家都想撿便宜，結果可能買了一些不是很實用、很必須的東西，沒幾天就堆放到儲藏室。花錢事小，造成家裡空間的雜亂，才令人傷腦筋。

寡欲不是絕欲

老子說：「少思寡欲。」孟子也說：「養心莫善於寡欲。」中國古代聖哲並沒有要我們絕欲，只是要求寡欲。生而為人，當然都會有慾望，慾望是生存的動力，慾望也是進步的動力，有其存在的價值，譬如飛機、輪船、電視、電腦、手機……各種的發明，都是人類為了滿足能像鳥在天上飛、像魚在水中生活，以及可以打破時空的隔閡，使人與人能夠相互更緊密的聯繫。

不過，凡事偏了都不好，沒有食物，固然不能活命，過量的飲食，對身體健康會有傷害，財富、地位……，都是如此。欲望如水，水能載舟，也能覆舟，我們不能駕馭欲望，就會被欲望駕馭；我們不能成為欲望的主人，就會成為欲望的奴隸。人一旦成了欲望的奴隸，就會很辛苦、很痛苦。人生值得追求的事，有很多很多，某一些方面的不能滿足，並不值得煩心生氣，因為還有其他方面能有發展的空間。也許有人一生就只想吃好一點、穿好一點、住好一點，但是每一個人的條件和能力不同，並不是每一個人都能心想事成，而且每一個人一生的追求，也不限於吃得好、穿得好、住得好，人生有太多要做的事、值得做的事，飲食起居只是生活的一部份，孔子曾說：「士志於道，而恥惡衣惡食者，未足與議也。」我們雖然不主張每人都要像顏回一樣：「一簞食，一瓢飲，居陋巷，人不堪其憂，回也不改其樂。」過著貧賤刻苦的生活，但是花費太多的時間、精神與財力在物質生活的享受，就不會在其他方面付出更多的時間、精神與財力，而有傑出的表現。一心很難二用，物質的享受適可而止，我們才不會為了追逐物質生活而疲於奔命。生命的意義，不應該只是滿足衣、食、住、行……的問題。

由於經濟能力的改善，很多人喜歡逛街買東西，有用的、沒用的，買一大堆，家具、電器用品，愈堆愈多，再大的房子也不夠擺設。我每天最快樂的時刻，是倒垃圾的時候，把家裡髒的、亂的，不用的雜物、紙張、廣告，清除整理乾淨，是一件很愉快的事。生活要愉快，就不要對物質有太多的需求。

放縱不是放鬆

走在街上，熙來攘往的人群，多半是緊繃著臉，行色匆匆，急著趕赴上班、上學、約會，很少能夠悠然自得、閒適自在，沿途欣賞美麗、繁華、熱鬧的街景。我們的生活原來不必要這麼緊張，汲汲營營，雖然得到了一些聲名貨利，卻也失去更多的人生財富，諸如健康、親情、友情、愛情等。

悠閒的生活是人人所企盼的，尤其處在今日緊張忙碌的工商社會，很多人好像三頭六臂，一身兼有數職，常常分身乏術，疲累不堪。俗話說：「休息，是為了走更長的路。」的確，我們不能長期工作而不休息，適度的休息，有助於提升工作的效率。在緊張忙碌的生活中，每一個人都要懂得適度的放鬆自己，要有休閒活動，調整生理與心理。情緒長期的緊繃，身體過度的疲勞，不只影響工作效率，而且會嚴重傷害健康。

田園山林、大海名川，自然界提供我們豐富的休閒資源。過慣城市生活的人，偶爾在鄉下小住數日，或是登山望遠、臨波垂釣，都是人生無限樂事。享受休閒的生活，並不是有錢有勢的人的專利，相反的，高官巨賈往往不如一般尋常百姓來的自由自在、悠然自得。與其因為名韁利鎖的牽絆而難能享受清福，還不如漁樵田夫的逍遙如意。有錢的人可以安排各種高級奢華的休閒活動，但是如果沒有悠閒的心情，再高級的享樂也無福消受。只要心情放得開，青山綠水一片美景，一杯茶、一卷書，樂在其中。我們不必迷信享受休閒生活一定要很有錢，吃什麼？喝什麼？玩什麼？並不重要，重要的是心情要能放鬆、放下。

近年來國民所得不斷增加，許多人飽食暖衣之外，還能有些餘裕，為了慰勞自己的辛勞，現代人比起前人更懂得享受生命。克勤克儉的古訓，現在已不流行，現代人追求的是最新、最好的物質享受，吃、喝、玩、樂，極盡聲色之娛，甚至縱情無度，不知節制。到處林立的歌廳、舞廳、夜總會，以及餐廳、理髮廳、按摩院，都是紙醉金迷的地方。金錢遊戲的風靡，誤導不少年輕人整天遊手好閒，不務正業，貪求安逸舒適的生活，而犯下種種違法的行為，造成社會的紛亂與不安。

放縱的生活，是沒有節制的生活，暴飲爛醉，對身體有害，縱情聲色也是如此。適度的放鬆自己，可以享受生活的樂趣，而過度的放縱，雖然也有短暫的快樂，卻要付出慘重的代價，傷財傷身，甚至身敗名裂。放縱的生活，雖逞一時的快意，卻會留下不可彌補的遺憾，千萬不要給自己找藉口放縱自己，放縱的程度，就是付出代價的程度。

放鬆與放縱，看似相近，其實不同。懂得放鬆的人是有福的人，是會享受生命的人；而把放縱誤當放鬆的人，是不知惜福的人，是殘害自己寶貴生命的人，我們不能為了逞一時快意，誤把放縱當成放鬆。

節制就是自律

在人生的道路上，充滿各種的誘惑，很多人沉不住氣，經不起誘惑，就會迷失、墮落，無法自拔。面對人生的種種誘惑，要懂得自律，才能放能收、收放自如。自律的人，看似很痛苦，其實不然。一個人有了欲望而不知道節制，盲目衝撞，不達目的，絕不終止，這是十分危險的。因為滿足了一個欲望，又會增添一個欲望，無限多個欲望，陣陣相因，無止無盡，便會帶來不可預測的禍害。

一個愈能要求自己的人，是愈能成功的人，自律就是自己要求自己，懂得自律，才能堅持信念，邁向成功的坦途。能自律的人就是能節制的人。做人在能忍不能忍而已，美麗的珠寶，誰不喜愛？珍貴的佳餚，誰不歡欣？豪華的生活，誰不嚮往？如果不是該有的、能有得，就會鋌而走險，作奸犯科，違法亂紀，結果當然非常悲慘；即便是自己該有的、能有的，也要懂得節制，肆無忌憚的吃喝玩樂，其後果實在不堪設想。

人生最難的是抗拒誘惑，拒絕誘惑最好的方法，就是不要接近它。「不見可欲，使民心不亂。」看見好吃、好喝、好玩的，很少人能抗拒，不如讓自己的心靈不要受到雜染，時時保持一顆清淨的心、安定的心。

節制是保持心的覺醒

節制的意義，不是等到面對各種誘惑時，再做內心的抗拒，而是在任何時候都能保持一顆清明的心、一顆覺醒的心，經常鼓勵自己凡事都要有節制，不要過量。我們每天的生活，都是快樂與痛苦的生起和消失，如何讓快樂多一點，痛苦少一點，是我們所要努力的方向。世上一切的事物，都是非常單純，我們不要去招惹它們，它們便不會傷害我們，使我們痛苦的原因，往往都是自取的。

我們之所以煩惱、痛苦、不快樂，主要是因為我們一直執著於貪求的欲望。所以，懂得節制的人，知所取捨，知道什麼是對我們有幫助的、什麼是對我們有害處的；而且能所取捨，要對我們有幫助的、不要對我們有害處的。懂得節制的人才能放下，放下該放下的人、事與物，以及內心的雜念、妄念、幻念。

一切事物都有兩面性，快樂生起時，痛苦也躲在其中，反之亦然。痛苦不是我們的歸宿，快樂也不是我們的歸宿。痛苦不是我們的歸宿，道理很簡單；為什麼快樂也不是我們的歸宿呢？因為有快樂就會有痛苦，天下沒有恆常的事物，一切都在變動之中，只有保持一顆平靜的心，才能善待事物變動的真相，而放下對一切外緣的執著。

懂得節制的人，知所取捨、能所取捨。惡的要放下，善的也要放下；痛苦要放下，快樂也要放下。沒有善的善，才是真正的善，沒有快樂的快樂，才是真正的快樂。放下不是為了得到，放下煩惱就沒有煩惱，放下痛苦就沒有痛苦，沒有煩惱、沒有痛苦，自然就會平安喜樂。

節制才能放下

談放下，我們首先會問要放下什麼？然後才問如何放下？我們要放下什麼？我們要放下讓我們不安、讓我們煩惱、讓我們痛苦、讓我們不快樂的東西。快樂是人生第一要義，凡是讓我們生活不快樂的東西都要放下。那些東西讓我們不快樂呢？生活的種種壓力是我們不快樂的最主要因素，譬如金錢、工作、家庭、愛情、健康……等等，都造成每一個人生活中大大小小的壓力；而這些壓力的來源，則來自貪婪，自私、懦弱、生活不正常。對症下藥，治療這些壓力的藥方，就是節制二字，要知所取捨、能所取捨。光是知所取捨是不夠的，一定要能所取捨，痛下決心，說放下就放下。

人所以疲累，是因為壓力太大、負擔太重。減低欲望就能減少煩惱。節制的精義，是該要才要、不該要就不要；放下不該要的東西，放下生命的多餘。負擔少了，壓力就小了，這才能夠輕鬆愉快，享受人生。

19

虛靜才能放下

竹解心虛是我師

在這繁忙而雜亂的社會裡，每個人的腳步都很倉促，甚至亂了節拍、迷失方向。很多人一走入熙來攘往的人潮，就茫然不知所措，因為掌握不住自己的目標，所以只能盲目的跟著潮流浮浮沉沉，十分可悲。人生貴在怡然自得、逍遙自在，人要如何才能怡然自得、逍遙自在呢？這是一個很值得深思的問題。

我常常惕勵自己，每天再忙，一定要留一點時間給自己，跟自己的心靈對話。人在靜下來的時候，才能很清楚的了解自己是誰？一顆平和清靜的心，就像一池澄淨的湖水，澄淨的湖水可以很清楚的映照我們的形體儀態，平和清淨的心使我們正確的了解自己，既不會誇張虛浮、自視過高，也不會妄自菲薄、自暴自棄。

唐朝白居易詩：「水能性淡為我友，竹解心虛是我師。」我們從大自然可以學到很多經驗和教訓。我們常常心太滿，常常自以為是，太有主見、成見、偏見，所以不能平允而客觀的看待事物。我們要學習竹節的空心，因為虛空所以才能接納萬境。一個自滿的人，必然是一個驕傲的人，必然是不會再求長進的人；一個太有主見的人，一定聽不進別人的建議，更聽不進別人的批評。

靜有安靜、寧靜的意思。水靜則明、思靜則能直探本心。靜坐常思己過，有反省才能進步。平靜的生活是最真實的生活，平靜的生活是最幸福的生活。

致虛守靜

天地之間，像是一具大型風箱，風箱裡面是空蕩蕩的，什麼也沒有，可是經過鼓動之後，則能產生很大的風力，吹熾火爐，達到冶鐵的功能。天地也是廓然太虛，卻能包容萬物，化生萬物，無窮無盡，生生不息。

老子主張「致虛守靜」，是從大自然學得的哲理。《老子》第16章：「致虛極，守靜篤。萬物並作，吾以觀復。夫物芸芸，各復歸其根，歸根曰靜，是謂復命。」「致虛」，謂消除心知的作用，以使內心虛空而沒有執念；「守靜」，謂去除欲念的煩惱，讓內心安定平和。人的心靈本來是虛明寧靜的，但是往往為私欲所蒙蔽，因而觀物不得其正，行事不得其常，思想混亂，生活煩苦。

老子的政治思想，也是從虛靜出發，主張清靜無為，順其自然。《老子》第60章：「治大國，若烹小鮮。」烹煮魚的時候，不能常常翻動，太多翻動，魚就容易破碎，治理國家不能政令繁苛，驚擾人民，否則國家社會就會動亂不安。執政者無為無事，人民才能享有自由安定的生活，民風日趨淳樸敦厚；執政者太多作為，人民反而行險詐偽，民風日漸澆薄無情。

不只人君治國不能輕舉妄動、任意作為，一般人立身處世也是如此。《大學》：「知止而后有定，定而后能靜，靜而后能安，安而后能慮，慮而后能得。」這一段的意思，能知道止泊在至善的境界，心志才有定向；心志有定向，內心才不會妄動；內心不會妄動，才能安於所處的環境；能夠安於所處的環境，才能處事精慮；能夠處事精慮，才能得到預期的目標。

宇宙的現象是變動不羈的，動中有靜，靜中有動。不管外界如何紛擾不安，我們的內心一定要保持虛空安靜。蘇軾〈送參寥師詩〉：「欲令詩語妙，無厭空且靜。靜故了群動，空故納萬境。」不只作詩的人需要虛靜的涵養，個人的立身處世，虛空寧靜的工夫也很重要。

虛空才能自覺

無，不是一無所有；空，也是一種存在；由無而有，因空生實。道體虛無，而為宇宙萬物創生的本源。天地萬物的創生，是由無而有；不過，有與無，只是相對的理念，而不是絕對的理念。以道為例，道的存在是若有若無，似實而虛。如果說是有，則看不見、聽不到、摸不著；如果說是無，則宇宙的本體、天地萬物生命的本源，我們無從找到依據。《老子》第11章：「三十輻，共一轂，當其無，有車之用；埏埴以為器，當其無，有器之用；鑿戶牖以為室，當其無，有室之用。故有之以為利，無之以為用。」車轂中空，才能產生車輪轉動的作用；器皿中空，才能產生盛物的作用；屋子中空，才能產生居住的作用。因為「無」，才有「有」；因為「空」，才能「實」。

放開一切，獲得一切。放空自己，才能明心見性；放空自己，才能活出生命的如來。心靈空虛，才能沒有成見，才能追求無限，才能享受自由。《莊子．天地》：「黃帝遊乎赤水之北，登乎崑崙之丘而南望，還歸，遺其玄珠。使知索之而不得，使離朱索之而不得，使喫詬之而不得也，乃使象罔，象罔得之。」「玄珠」、「知」、「離朱」、「喫詬」、「象罔」，都有象徵意義，「玄珠」代表大道，「知」代表智慧，「離朱」代表視力，「喫詬」代表言辯，「象罔」代表無心。黃帝遺失玄珠，知、離朱、喫詬都找不到，最後是象罔找到。象徵只有無心的人，才能真正得道。

《莊子．知北遊》篇中，「知」以「何思何慮則知道？何處何服則安道？何從何道則得道？」三個問題，問「無為謂」、「狂屈」、「黃帝」。「無為謂」三問而不答，非不答，不知答也；「狂屈」是「中欲言而忘其所欲言」，想要說而忘了要怎樣說。黃帝則答以「無思無慮始知道，無處無服始安道，無從無道始得道。」「知」以為「黃帝」為真知，不過，莊子卻假「黃帝」之口，提醒世人，「無為謂」才是真知，他以行動真正做到了無，「狂屈」也不錯，想說而未說；至於「知」和「黃帝」都沉不住氣，說了出來，所以「終不近」。

《莊子．秋水》：「可以言論者，物之粗也；可以意致者，物之精也；言之所不能論，意之所不能察致者，不期精粗焉。」語言、心智的功能都沒有了，才是人生最高的境界，所有存在的事物都是有限的，只有超越存在的事物才是無限的。

《莊子．齊物論》中，把聲音之美分為三類：人籟、地籟、天籟。人籟是人借助絲竹管弦等樂器，演奏出來的美妙音樂；地籟是風吹動自然界大大小小的孔竅而發出來的聲音之美；天籟則是指不依靠人力，不憑藉外物的作用，而自然產生的聲音之美。人籟、地籟都有所依靠，天籟則是不受任何依靠，所以也沒有束縛，自然天成，最為優美。

放空自己才能自我察覺。紅塵豈能擾人？是人自擾於紅塵。困住自己的不是外物，而是自己的內心。放下心中的雜念、妄想、欲求，才能回歸到最真實、最完善、最美好的生活境地。

靜慮才知取捨

心如平原縱馬，易放難收。古人說：「擒山中賊易，擒心中賊難。」孟子說：「學問之道無他，求其放心而已。」人生的修養，非常重要的一點，就是要能把放散的心收回來。如何才能把放散的心收回來呢？就是要能澄心靜慮。我們在澄心靜慮之中，才能觀照天地萬象，了解生命的本源和天地萬物變化的原理、原則。每個人心中都有一盞明燈，可以燭照塵俗的是是非非、恩恩怨怨，這一盞明燈，就是智慧之燈。

小至個人的立身處世，大至國家的前途發展，都是要靠內心的這盞智慧之燈，清白靈明的分辨是非、善惡，而免於情牽、物累。「大學之道，在明明德。」每個人天生都有靈明的德性，可是這天生靈明的德性往往受到後天環境的影響而被汙染、蒙蔽。人生的苦難多半來自外界的種種汙染。尤其在今天，文明愈進步、愈發達，汙染就愈多。我們必須「時時勤拂拭，莫使惹塵埃。」把天生靈明的德性闡明出來，讓內心回復、保持清明寧靜的境界。

一個快樂的人生，是要能用自己的因緣過生活，要能夠活出自己生命的如來。所謂如來，就是如其所來，怎麼來，怎麼去。假如我是一棵李子樹，就照李子樹的成長過程來開花結果；假如我是一棵桃子樹，就照桃子樹的成長過程來開花結果。不同的因緣，各自圓滿，不分軒輊。

人生是從清純回到清純的過程。初生的嬰兒最為清純，真誠質樸，天真無邪；人死的時候，也是兩手空空，再多的財富全都帶不走。人的一生，就像爬樓梯，一層一層往上爬，到了頂樓陽台，才發現陽台是空的，一無所有。

佛就是覺，學佛的人是要覺悟人心的本體，了解人生本來就有很多煩苦，人的一生就是修煉的過程。生命就是菩提，人生就是道場，任何的動心起念都是正常的，重要的是要有大是大非，要能覺醒而不執迷。

氣定神閒，心中常生智慧。人的內心能夠平靜安祥，以靜觀變、以靜制動，才能動靜得宜；人的內心能夠平靜安祥，才能慎密思考、知所取捨。遇到突然發生的意外事件，不會手忙腳亂，不知所措；面對各種美麗陷阱的誘惑，也不會迷失狂亂，六神無主。

虛靜才能放下

虛是虛空，靜是寧靜，內心能夠保持虛空、寧靜，才能放下一切得失禍福、喜怒哀樂、是非善惡。一個人能夠放下得失禍福、喜怒哀樂、是非善惡，才能丟開執念、解脫包袱，而自得自適、快樂自在。

人生要有提得起的豪情，也要有放得下的灑脫。不管是面對煩惱痛苦，或是徜徉於幸福美滿的生活，我們都要回歸到自然的本心，放空、放鬆、放下。老子說：「歸根曰靜。」只有在虛靜中才能體悟宇宙生命的本源、天地萬物的現象，所有令我們快樂、不快樂，幸福、不幸福的事，放大到宇宙太空之中，實在都只是極為細小的微塵而已。宇宙是虛空寧靜的，人心也要是虛空寧靜。我心即宇宙，宇宙唯一心，心與道合，道通於一，所有的煩惱、痛苦，便全部都放下、解脫。

20

坐忘才能放下

去成心，順應自然

真正的快樂，來自內心的安定與自由，怎麼樣才能得到內心的安定與自由呢？莊子是繼老子之後最偉大的道家學者，道家的思想，以老子為宗，莊子承其學而加以發揚光大，莊子之於老子，就像孟子之於孔子，對於道家與儒家的學術傳承與弘揚，都有極大的貢獻。莊子生在戰國時代，政治衰亂，天下沉濁，人心苦悶。莊子是個有心人，他看到人生的種種困惑與煩憂，主要是因為內心太執著，太放不開，對於外物、外人的依賴心太重，所以在精神上與物質上，便有層層的束縛，束縛愈多，痛苦愈多。莊子的人生理想，是要追求一個自由自在、無拘無束的世界，心靈安頓，不受情念的牽引，沒有欲望的紛馳。一個人能夠對外物、對別人的依賴愈低，我們的心靈空間，才能愈寬、愈廣、愈自在、愈快樂，愈能享受人生之美。莊子主張去成心，順應自然，超脫有限的、相對的現象世界，而逍遙於無限的絕對的真實世界。

何謂坐忘

《莊子・大宗師》：「仲尼蹴然曰：『何謂坐忘？』顏回曰：『墮枝體，黜聰明，離形去知，同於大通，此謂坐忘。』」顏回談坐忘的功夫，層層漸進，先是「忘仁義」，而後「忘禮樂」，而後才「坐忘」。仁、義、禮、智都是人為的規範，後設的價值觀念，這兩者都是證入自由無限的人生藝術境界的障蔽，所以必須一一排除遺忘。離形，是忘記形體的執著；去知，是遣除官能的妄作。忘掉自己形體的存在，去掉一切是非得失的思慮，這才是遊心於自由無限境界的不二法門。

莊子認為天地萬物，渾然一體，沒有差別相，世間所以有差別相，是因為人去追逐事物的現象，而沒有探究事物的本體。就宇宙的本源來說，「道通為一。」因此莊子主張「無適焉，因是已。」就是要順應自然，不要強分彼此。《莊子・齋物論》：「勞神明為一，而不知其同也，謂之朝三。何謂朝三？狙公賦芧，曰：『朝三而莫四。』眾狙皆怒。曰：『然則朝四而莫三。』眾狙皆悅。名實未虧，而喜怒為用，亦因是也。」我們常常宥於名而昧於實，不知道事物的本質，其實是相去不遠。尤其現在是個廣告時代，商品都非常重視包裝，一件很普通的東西，經過華麗的包裝、宣傳之後，價值好像變得高貴起來，價格就貴了許多。我們不應該被虛名、假象所矇蔽，而要重視真實的內涵，只有真實的內涵，才經得起考驗。

《莊子．德充符》：「自其異者視之，肝膽楚越也；自其同者視之，萬物皆一也。」天下的事物，有同有異。男女有別，是異；男女都是人，是同。我們從相異的觀點看，天下沒有兩樣東西是完全相同的，雙胞胎的兄弟，也有一些不一樣的生理、心理特徵；我們從相同的觀點看，天下每件事情都有與另一件事情相似的地方。同中有異，異中有同，不必強分彼此。

《莊子．逍遙遊》：「朝菌不知晦朔，蟪蛄不知春秋，此小年也。楚之南有冥靈者，以五百歲為春，五百歲為秋；上古有大椿者，以八千歲為春，八千歲為秋，此大年也。而彭祖乃今以久特聞，眾人匹之，不亦悲乎？」從道的觀點來看，萬物無不均齊，所謂大小之殊、壽夭之異、貴賤之別，都只是比較而得，而不是絕對不變的事實，妄作分別心，強分彼此，只是自取煩惱而已。

「墮枝體」，是離形；「黜聰明」，是去智。一個人能夠離形、去智，也就能達到無物無我的境界，無彼無此，一片虛空，自然就無是非利害。

自由是對立的消解

《莊子．養生主》中，描寫庖丁為文惠君解牛，庖丁開始解牛的時候，「所見無非全牛者」，牛與庖丁是對立的兩個物，牛為牛，庖丁是庖丁；三年之後，「未嘗見全牛也」，則對立的局面已經消解；十九年後，「臣以神遇，而不以目視」，庖丁完全獲得了自由。他在解牛的時候，完全得心應手，不必靠感官的作用，只要以神相合，就能夠順應自然的肌理，剖解牛體。庖丁解牛的技術，到了出神入化的境界，這就是道。

道不離技，道是技的提升，達到了道的境界，就是一種自由的創作，超越實用功利的目的，而能夠悠遊於自我欣賞、自我享受的地步。「提刀而立，為之四顧，為之躊躇滿志，善刀而藏之。」解牛對庖丁而言，不再是一種沉重的負擔或是責任；相反的，竟是一種榮譽和愉快的經驗，這是生活的美，也是藝術的美。

人的心靈所以不能自由，往往是因為許多先天或後天的限制，層層束縛；人生所以有悲苦，主要是因為私心太重、成見太深，以至造成心靈的蔽塞、人生的桎梏。《莊子・人間世》、《莊子・德充符》中，有幾位形體怪異的人，莊子善於用他的誇張筆法，寥寥數語就把每個身體殘缺的人的特徵，非常生動的刻畫出來。這些莊子筆下的人物，有一個共同的特色，身體殘缺、醜惡，但是心裡卻不會覺得殘缺、醜惡；他們不會因為自己身體有缺陷，就自慚形穢，不願與別人交往，他們反而是主動地和別人交友，贏得許多的友誼和尊敬。他們沒有健全的形體，但是有健全的心理，和他們一起，不是他們覺得慚愧，而是別人覺得慚愧，甚至於「大夫與之處者，思而不能去也。婦人見之，請於父母曰：與人為妻寧為夫子妾者，十數而未止也。」因為這些人遊於形骸之外而不是遊於形骸之內，以全德為主，所謂「德有所長而形有所忘。」人能忘其所忘，才能不忘其所不忘。

自由的活動，是不帶任何功利、實用的目的，有了功利、實用的目的，就有了得失的心理、善惡的分辨，人的心志雜多而繁亂，便不能自在自得。

所謂自由，是順其自然，無為而無不為。人往往以自己的好惡而去推及別人的好惡，以為自己喜歡的東西，別人一定也喜歡；自己討厭的東西，別人也會討厭，結果是愛之適以害之。《莊子・應帝王》：「南海之帝為儵，北海之帝為忽，中央之帝為渾沌。儵與忽時相遇於渾沌之地，渾沌待之甚善。儵與忽謀報渾沌之德，曰：『人皆有七竅以視聽食息，此獨無有，嘗試鑿之。』日鑿一竅，七日而渾沌死。」渾沌本來沒有七竅，儵與忽多事，為了報答渾沌之德而日鑿一竅，結果使渾沌死於非命。天地萬物各有其形，各有其性，不可強同，否則就會聰明反被聰明誤。

天地無為而自然化合，使萬物得到生成養育。所以，什麼是至樂？「至樂無樂。」什麼是至譽？「至譽無譽」。我們所看得見的都是有限的，我們所擁有的都是有限的。所以最大的名譽是沒有名譽的名譽，最大的快樂是沒有快樂的快樂。超越了有限、相對的快樂和名譽，才能獲得無限的、絕對的快樂和名譽。

自由的人生就是美的人生

逍遙遊是莊子的人生至境。遊，是心靈的自由解放。天道自然的運作是無為無求，人要法天而行，也是要無為無求，才能臻於逍遙自適、自由自在的理想世界。許慎《說文解字》一書無「遊」字，而有「游」字，七上：「游，旌旗之流也。」段注：「引申出游、嬉戲、俗作遊。」《廣雅・釋詁》：「遊，戲也。」旌旗所垂之旒，隨風飄盪，無所繫拘，悠遊自在。《論語・述而》：「志於道，據於德，依於仁，游於藝。」游字，也是取其悠遊自在、往來無礙的意思，謂浸淫於學術道藝的研究，恬然自得，樂在其中。

現實的生活，是有限的、不自由的、苦悶的；理想的生活，是無限的、自由的、快樂的。朱光潛《文藝心理學》：「苦悶起於人生對於有限的厭倦，幻想就是人生對於無限的尋求。」

莊子的逍遙遊思想，是不帶目的的自由活動，同時，它也是無往不在的無限開展。自由與無限是一切美的特質，心境愈是自由，愈能得到美的享受，美是在有限中看出無限。莊子的人生理想，就是要像天道一樣，無為無求，不受現實生活的羈絆和困厄，獲得大自由、大解放。

人生的嚮往，就是自由的追尋。有自由才有美，有美一定要有自由。自由的人生，就是美的人生。在美感經驗裡，美自有意義，美自有價值，美不因形象的意義而有意義，美也不因形相的價值才有價值。美的觀照，必須放下一切，才能獲得一切，必須放棄知覺和概念，以及形相本身以外的其他意義，才能真正的浸淫在美感的世界裡。就像面對有限的人生，必須忘記人生的有限，才能獲得人生的無限。

坐忘才能自由

《莊子．大宗師》描述女偊得道的過程：「參日而後能外天下，已外天下矣，吾又守之，七日而後能外物；已外物矣，吾又守之，九日而後能外生矣，而後能朝徹。朝徹而後能見獨，見獨而後能無古今，無古今而後能入於不死不生。」莊子將外天下、外物、外生之後的歷程，稱為「朝徹」，「朝徹」是早晨出升的太陽，象徵心靈的清明。「外天下」是指將自身以外各種紛離的現象一概忘記；「外物」是指把自身的各種慾念一概忘記；「外生」是把人的生命存在一概忘記。

天下、萬物、個人的生死，全部忘得乾乾淨淨，才能使本心的清明完全開朗起來，且完全獲得解脫、開放，無限的自由，而到達無死無生與道冥合的境界。《莊子‧達生》：「梓慶削木為鐻，鐻成，見者驚猶鬼神。魯侯見而問焉！曰：『子何術以為焉？』對曰：『臣工人，何術之有？雖然，有一焉。臣將為鐻，未嘗敢以耗氣也，必齊以靜心。齊三日，而不敢懷非譽巧拙；齊七日，輒然忘吾有四枝形體也。當是之時也，無公朝，其巧專而外骨消，然後入山林，觀天性；形軀至矣，然後成見鐻，然後加手焉；不然則已。則以天合天，器之所以疑神者，其是與！』」梓慶削木頭做鐘架，所做的鐘架被認為是鬼斧神工，並不是只靠手工技巧而已，而是每次工作之前，都存著戒慎惶恐。齋三日、齋五日、齋七天，到了一切忘我的地步，讓自己的內心一片潔淨，不敢存有得失利害、名利是非的心理，心地一片光明坦然，所以一到樹林，才能找到最合適的木質，而有最精美的製作。梓慶削木做鑢，「以天合天」，心中只有鑢，眼中只有鑢，手中也只有鑢，人與物完全交融為一。

《莊子．達生》：「忘足，履之適也；忘腰，帶之適也；知忘是非，心之適也；不內變，不外從，事會之適也。始乎適而未嘗不適者，忘適之適也。」忘記了足，鞋子就舒適了；忘記了腰，帶子就舒適了；本性閒適而無所不閒適的人，是忘記閒適的閒適。該放下就放下，我們所以放不下，是因為心有罣礙。

自由是一種解放，忘記了形體，就沒有形體的痛苦；忘記了心知，就沒有心知的困惑。沒有形體的痛苦，沒有心知的困惑，那就是人生的至樂。我們常常是自己綁住自己，自己困住自己，就好像我們刻意要上床睡覺，愈是想趕快睡著，愈是睡不著，放輕鬆，什麼都不想，連想睡著的念頭都沒有了，就會一下子就睡著。佛家講如來，就是如其所來，怎麼來，怎麼去，心無罣礙，當然就能遠離顛倒夢想。

坐忘才能放下

酒醉的人墜車，雖疾不死，因為他「乘亦不知也，墜亦不知也，死生驚懼不入乎其胸中。」一般神智清楚的人，一遇到緊張恐怖的事，內心就會充滿惶恐驚懼，發生意外時，受到的傷害特別嚴重；相反的，喝醉酒的人，遇方則方，遇圓則圓，坐車就坐車，墜車就墜車，因為沒有知覺，不懂得驚恐，所以發生意外時，受到的傷害最少。

每一個人都知道放下的重要，而所以放不下的原因，主要是因為看不破、看不透，不能了解人的生死、得失、禍福、利害，就像白天與晚上一樣，只是一種自然現象，得不必喜，失不必悲。能夠不斤斤計較於生死、得失、禍福、利害，兩忘而化其道，就能夠將一切欲望、成見清除乾淨，而呈現心靈的大清明，達到圓滿自足、不忮不求的人生至境。

水鳥的腳短，白鶴的腳長，這是自然的本性，我們不應該強作解人，把短腳的水鳥的腳拉長，把長腳的白鶴的腳砍短；有人拇指相連，有人手有六指，雖然在性分上都是多餘或是不足，但是如果刻意增減造作，失去本性，也不合於自然的正道。我們要獲得自由自在的生活、幸福快樂的日子，就要順應自然，該怎麼樣就怎麼樣，不該怎麼樣就不要怎麼樣，不要給自己加上重重的束縛。

一個人的修養能做到「坐忘」的功夫，把名利、得失、情愛，甚至生命，全都忘掉，就能坦坦蕩蕩、無罣無礙、自由自在。該放下的都放下，就沒有煩惱、沒有痛苦。能夠修到「坐忘」的功夫，才能真正放下。

附錄一

朱榮智教授人生雋語——論修養

把陽光帶進別人的生活，自己也沐浴在陽光之中。

■我們自己並不完美，何忍苛責別人完美。

■不要笑鸚鵡學語，我們自己也不會飛。

■圓融是智者的通達，寬厚是仁者的度量，行善是勇者的志業。

■立第一等志，做第一等人，不做二流人物。

■綁得住一個人，綁不住一個人的心。

■對人感恩，對物珍惜，對事盡心。

■簡單的生活，豐富的心。

■把氣質寫在臉上，把身分穿在身上。

■心柔軟了，人就可愛了。我們常常因為心太剛強，而跌得鼻青臉腫。

■心寬路就寬，路愈走愈寬。

■堅持做對的事，堅持把對的事做得更好。

■愈能要求自己的人，是愈能成功的人。

■能吃別人不能吃的苦，才能享別人不能享的福。

■心要乾淨，口要乾淨，手要乾淨，腳要乾淨。

■人生四大追求：清淨的心，安定的心，富足的心，歡喜的心。

■我們不能改變別人的做法，但是可以改變自己的想法。

■轉念就能改運，我們不是最好而可以更好。

■一個驕傲自大的人，不會再長進。

■人往往給自己設定的規則卡住了。

■勇於承擔，不能怯弱。

■要聽該聽的話，而不只是聽好聽的話；要做該做的事，而不只是做想做的事。

■調伏心志，面對問題，勇於承擔。

■隨時保持心智的清明、爽朗、豁達。

■沾沾自喜的人，不會有大成就。

■有活力就有魅力。

■生氣不如爭氣，爭氣才能神氣。

■我們要培養一顆豁達的心、寬闊的心、平常的心。

■三心兩意：信心、愛心、耐心，誠意、善意。

■投入才能深入，付出才能傑出。

■當心定下來的時候，直覺會非常清晰、敏銳。

■耐心等待，峰迴路轉，柳暗花明。

■我們常常以為天要塌了，其實只是腳跟站歪而已。

■居安思危，以柔克剛。

■戒惕謹慎，如臨深淵，如履薄冰。

■小器易盈，戒驕、戒滿。

■得意時要謙虛，失意時要沉潛。

■不妄為、不妄動、不妄想，量力而為。

■道理是虛的，行動是實的。說十分，不如做一分。

■動靜不失其時，執守中道，與時偕行。

■退一步是為了跳得更高、跳得更遠。

- 淺水養不了大魚。
- 空碗才能裝飯。
- 心急吃不了熱粥。
- 沒有根，沒有葉，如何能成為樹。
- 凡事都應當有節度。
- 有時要珍惜，無時要渴望。
- 但行好事，莫問前程。
- 大事要有原則，小事要能靈活。
- 撫平傷痛最好的方法是遺忘和原諒。
- 人與人之間，有關係而像沒關係，才能維持長久關係。

- ■不能自救的人，別人也救不了。
- ■如果不能改變，就學習接納。
- ■綁住別人，也綁住自己，給別人自由，也是給自己自由。
- ■不要浪費時間與精神在怨、恨、怒，隨時心存感恩。
- ■人格成熟的人，做事圓融通達。
- ■憤怒會壞事。
- ■傾聽自己內在的聲音。
- ■不要陷入壞情緒中，轉移目標，重新出發。
- ■不要賭運氣，而要修福氣。
- ■一盞燭光，就能點亮整個屋子。

■沒有挑過水，不知道水的重。
■要哭，在家裡哭；有怨，放在心裡。
■有什麼吃什麼，能做什麼才做什麼。
■盛怒的結束，就是悔恨的開始。
■願要大，志要堅，氣要柔，心要細。
■我們不能改變天氣，但是可以鍛鍊身體。
■不如意時，仰望天空，學習包容。
■不要因衝動而做出會後悔的事。
■對於不理性的人，我們如何和他講道理呢？
■性格決定命運。

■把心穩住，人就壞不到那裡。

■吃人一口，還人一斗。

■各退一步，海闊天空，如果對方不肯退，為什麼我們不能多退一步。

■換一顆心，容顏勝珍珠。

■人到中年，圓了肚子，也圓了心胸。

■以硬碰硬，玉石俱焚。

■付出才能傑出，關懷才能開懷。

■無論處在什麼絕境，都要保持內心的平靜。

■安定的心，是人格成熟的表現。

■每一顆受約束的心，都想逃避。

■不要去惹一個盛怒的人，對情緒失控的人要閃遠一點。

■對不會替別人想的人，如何指望他替別人想。

■努力尋找雨後的彩虹。

■君子量大，小人氣盛。

■心開，運就來；運來，福就到。

■不怕山高，只怕腿短；不怕路長，只怕氣弱。

■人心剛強，難調難伏。

■沒有不景氣，只有不爭氣，爭氣就能神氣。

■平淡、平勻、平凡；真實、確實、踏實。

■自在最實在；平實最真實。

■打人不打臉，揭人不揭短。

■做人就是要避免造口業。

■我們不和別人爭，別人就不會和我們爭。

■懂得欣賞別人的人，是有風度的人，是有涵養的人。

■推己及人，將心比心。

■不要把話說太滿，不要把事做太絕。

■所謂從容，就是凡事順其自然，處之泰然。

■別人常常不在乎你說什麼，而在乎你怎麼說。

■只有能寬容別人的人，能得到別人的寬容。

■得之我幸，不得我命。

■心愈寬，能夠容納的空間愈大。

■事從容則有餘韻，人從容則有餘年。

■心的漂亮比臉的漂亮更可愛。

■憤世嫉俗的人，從來不會是贏家。

■和自己賽跑，不和別人比較。

■憤怒為地雷，碰到任何東西，都一起毀滅。

■先彎腰，才能抬頭。

■稻穗愈飽滿愈低垂。

■太緊的弦容易繃斷。

■沒有播下好的種子，就長不出好的果實。

■心靜則明，思靜才能直探本心。

■身段愈柔軟，成就的空間愈大。

■每個人心裡不能沒有自己，也不能只有自己。

■天寬、地寬，人心也要寬。

■雖然有成千上百的結，只要耐心、細心、恆心，總可以逐一解開。

■關懷別人的語言，是人間最香醇的佳釀。

■溝通的成敗，不在技巧，而在心靈的成熟度。

■成功的溝通，是以和平的對話，代替激烈的抗辯。

■吵架沒有贏家，即使贏了面子，也會輸了裡子。

■一個善於溝通的人，永遠面帶微笑而語多讚美。

附錄二

朱榮智教授人生雋語——論修行

人生最難的是抗拒誘惑

■修行，是修正不當的行為。

■人生是道場，生命是菩提

■先修家的道場，再修廟的道場。

■當內心平靜下來時，沒有什麼事是不能解決。

■持戒，布施，安忍，精進，禪定，智慧。

■天天保持朝氣、活力、希望、旺盛的心。

■隨時保持心智的清明、慈悲、柔軟、自信。

■不能兼顧，就要割捨。利取其大者，害取其小者，得取其多者，失取其少者。

■抗拒誘惑最好的方法，就是不要接近它。

■欲望不能斷絕，而可以被取代。

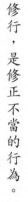

■很多人用舊地圖找新地址，所以迷路了。

■看重自己就不會被人看輕，看輕自己就不會被人看重。

■真有本事，別人能奈我何？真沒本事，我能奈別人何？

■心有所主則不惑。

■把心安住，心有所主則不惑、不亂。

■人人都有佛性，為什麼不是人人都能成佛？不是不修，就是修的還不夠。

■如來，如其所來，隨緣自在，人生最重要的是求得一顆安定的心。

■如是因，如是果。

■人活著就必須面對痛苦，這是佛陀很重要的教誡。

■人生兩大心願：拔除人間痛苦，帶給眾生歡喜。

■定，並不是不動，而是不妄動。

■要入佛門，先入善門。

■捐出自己，擁有世界。

■各人吃飯各人飽，各人業力各人了。

■學佛的人要越學越快活。

■三千世界皆是道場，天地萬物皆為如來。

■氣定神閒，心中常生智慧。

■成佛、學魔，全看自己的造化。

■善心是最大的佈施。

■把握因緣就是智慧。

■內心狂野，戒行就無從維持。

■生命的智慧是修來的而不是學來的，知道未必悟道。

■人所以會犯錯，主要是因為智慧不足、定力不夠、持戒不嚴。

■佛就是覺，學佛是自覺覺人的過程。

■學佛的目的，在發覺內心的光明。

■當一個人體悟到生命的虛無，就能脫胎換骨，享受生命的光華。

■真正的成長是解脫心靈的枷鎖，回到本性的自然。

■修行人生的正果，人人取徑不同。

■人生最難的是抗拒誘惑。

■懂得把內心的貪念、雜念、妄念，清除乾淨，就是第一等智慧的人。

■人從信仰得到信心的力量。

■信仰來自內心的虔誠。

■真正的力量，來自內心的潛能。

■人在信仰中，找到自我、真我。

■信仰不是力量，是力量的源頭；信仰不是信心，是信心的基礎。

■人因為有信仰而找回自己失落的信心與力量。

■因為有信仰，我們能夠順應天意，承受命運的安排。

■信仰是心靈的燈塔，指引世人走出迷津。

■修佛、學道，不全是為了個人福緣，而是要拔除人間苦難，帶給眾生歡樂。

■學佛的人願意自身化為塵泥、灰土，引渡眾生涅槃。

■平靜的心，是智慧滋長的來源。

■虛空才能靈動。

■無我才能有我，忘我才能存我。

■忘了自己，才能得到自己。

■忘其所忘，不忘其所不忘，該忘就忘，但不是什麼都忘。

■人要出拳，先要學會收拳。

■不受控制的心，使我們產生許多負面的想法，製造許多不善的念。

■要獲得平安喜樂，要從心出發。

■心存慈悲，善待自己，寬待別人。

■現今世界的種種問題，大多是根源於人心的不安定。

■修佛就是自覺，自己的苦難，自己救治。

■內心的平靜，是生命平安的基礎。

■一切現象，都是心的投射。怎麼出去，怎麼回來。

■心不是一個實體，而是不斷開展、不斷顯露的經驗。

■觀自在，是觀察內心的本來面目。只要專注在一呼一吸之間就可以了。

■海水始終是相同的海水，但天上的烏雲會改變它的顏色。人心亦然，常被外物汙染。

■培養正念，邪念就不會滋長。

■人生不必強求，找到真實本性就可以了。

■骯髒的金塊和乾淨的金塊，只是表面的差別，但本質是一樣的。

■所謂笨、醜、無趣，只是自己遮蔽本然光明心志的迷障而已。

■人生的修行，就是撥雲現日的過程。

■本然寂靜，沒有減損、沒有增益。所有的減損、增益，都是人力自為，苦樂也是。

■所謂修行，就是放鬆心情，回復到本性的自然。

■本性自足，做好自己。

■心安，安心；把心安住，才能心安。

■放空就能自覺。

■心像虛空，並非虛無，而是自主。

■空，不是虛；而是另一種實體，是存在與不存在的同時存在。

■時間只是一個概念，空間一直在變換。看到、聽到，還要感受到。

■心不是一種東西，而是一種活動，只有放鬆心情，才能細細領略。

■心像舞台上的魔術師，往往只會讓我們看到幻想。

■我們常常把幻覺誤認為真實，而滋生許多煩惱和痛苦。

■轉換自身對苦樂的意義，苦樂就會被賦予不同的感覺。

■心的覺醒，是幸福的開端。

■心一直在活動，猶如海洋不斷湧起波浪。

■修行，就是隨時保持心的放鬆狀態。

■涓滴挹注，終能滿杯。無限，從一開始。

■禪修是由有至無的功夫。先把注意力集中在某個特定的點，然後放鬆、放空、放下。

■心像一條河流，順其自然，把心安住在自然的狀態之中。心平靜下來，人就安祥了。

■只要察覺隨時正在發生的事，就叫禪修。

■田裡的雜草不清除乾淨，就會毀了農田；心中的慾望不清除乾淨，就會毀了生命。

■修行是一種內斂的功夫，是內在生命的自我提升。

■江山易改，本性難移，難移不是不可移。

■中，不是一分為二，而是恰到好處。

■佛海無邊，回頭是岸。

■看不清自己的本心，就會貪、瞋、癡迷。

■直探本心，還原自在的本性。

■用經驗去做事，叫方法；用智慧去處事，叫妙法。

心理勵志小百科好書推薦

全世界都在用的80個
關鍵思維NT：280

學會寬容
NT：280

用幽默化解沉默
NT：280

學會包容
NT：280

引爆潛能
NT：280

學會逆向思考
NT：280

全世界都在用的智慧
定律 NT：300

人生三思
NT：270

陌生開發心理戰
NT：270

人生三談
NT：270

全世界都在學的逆境
智商NT：280

引爆成功的資本
NT：280

每個人都要會的幽默學
NT：280

潛意識的智慧
NT：270

10天打造超強的成功智慧
NT：280

華志文化事業有限公司
HUACHIH CULTURE CO., LTD

116 台北市文山區興隆路 4 段 96 巷 3 弄 6 號 4 樓
E-mail：huachihbook@yahoo.com.tw　電話：(886-2)22341779

【圖書目錄】

書號	書名	定價	書號	書名	定價
		健康養生小百科 18K			
A001	圖解特效養生 36 大穴（彩色）	300 元	A002	圖解快速取穴法（彩色）	300 元
A003	圖解對症手足頭耳按摩（彩色）	300 元	A004	圖解刮痧拔罐艾灸養生療法(彩)	300 元
A005	一味中藥補養全家（彩色）	280 元	A006	本草綱目食物養生圖鑑（彩色）	300 元
A007	選對中藥養好身（彩色）	300 元	A008	餐桌上的抗癌食品（雙色）	280 元
A009	彩色針灸穴位圖鑑（彩色）	280 元	A010	鼻病與咳喘的中醫快速療法	300 元
A011	拍拍打打養五臟（雙色）	300 元	A012	五色食物養五臟（雙色）	280 元
A013	痠痛革命	300 元	A014	你不可不知的防癌抗癌 100 招（雙）	300 元
A015	自我免疫系統是最好的醫院	270 元	A016	美魔女氧生術（彩色）	280 元
		心理勵志小百科 18K			
B001	全世界都在用的 80 個關鍵思維	280 元	B002	學會寬容	280 元
B003	用幽默化解沉默	280 元	B004	學會包容	280 元
B005	引爆潛能	280 元	B006	學會逆向思考	280 元
B007	全世界都在用的智慧定律	300 元	B008	人生三思	270 元
B009	陌生開發心理戰	270 元	B010	人生三談	270 元
B011	全世界都在學的逆境智商	280 元	B012	引爆成功的資本	280 元
B013	每個人都要會的幽默學	280 元	B014	潛意識的智慧	270 元
B015	10 天打造超強的成功智慧	280 元			
		諸子百家大講座 18K			
D001	鬼谷子全書	280 元	D002	莊子全書	280 元
D003	道德經全書	280 元	D004	論語全書	280 元
		休閒生活館 25K			
C101	噴飯笑話集	169 元	C102	捧腹 1001 夜	169 元
		生活有機園 25K			
E001	樂在變臉	220 元	E002	你淡定了嗎？不是路已走到盡頭，而是該轉彎的時候	220 元

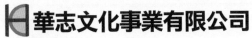

E003	點亮一盞明燈：圓融人生的 66 個觀念	200 元	E004	減壓革命：即使沮喪抓狂,你也可以輕鬆瞬間擊潰	200 元
E005	低智商的台灣社會：100 個荒謬亂象大解析，改變心態救自己	250 元	E006	豁達：再難也要堅持，再痛也要放下	200 元
			命理館 25K		
F001	我學易經的第一步：易有幾千歲的壽命，還活得很有活力	250 元			
			口袋書系列 64K		
C001	易占隨身手冊	230 元	C002	兩岸簡繁體對照手冊	200 元

【純電子書目錄（未出紙本書）】

書號	書名	定價	書號	書名	定價
		人物館			
E001	影響世界歷史的 100 位帝王	300 元	E002	曾國藩成功全集	350 元
E003	李嘉誠商學全集	300 元	E004	時尚名門的品牌傳奇	280 元
E005	世界最有權力的家族	280 元			
		歷史館			
E101	世界歷史英雄之謎	280 元	E102	世界歷史宮廷之謎	280 元
E103	為將之道	280 元	E104	世界歷史上的經典戰役	280 元
E105	世界歷史戰事傳奇	280 元	E106	中國歷史人物的讀心術	280 元
E107	中國歷史文化祕辛	280 元	E107	中國人的另類臉譜	280 元
		勵志館			
E201	學會選擇學會放棄	280 元	E202	性格左右一生	280 元
E203	心態決定命運	280 元	E204	給人生的心靈雞湯	280 元
E205	博弈論全集	350 元	E206	給心靈一份平靜	280 元
E207	謀略的故事	300 元	E208	用思考打造成功	260 元
E209	高調處世低調做人	300 元	E210	小故事大口才	260 元
E211	口才的故事	260 元			
		軍事館			
E301	世界歷史兵家必爭之地	280 元	E302	戰爭的哲學藝術	280 元
E303	兵法的哲學藝術	280 元			
		中華文化館			
E401	中華傳統文化價值觀	260 元	E402	人生智慧寶典	280 元
E403	母慈子孝	220 元	E404	家和萬事興	260 元
E405	找尋中國文化精神	260 元			
		財經館			
E501	員工的士兵精神	250 元			

國家圖書館出版品預行編目資料

放下的智慧：不是放下需求而是放下貪求 / 朱榮智作. -- 初版. -- 新北市：華志文化, 2013.07

面；　公分. --（生活有機園；7）

ISBN 978-986-5936-34-1（平裝）

1. 修身　2. 生活指導

192.1　　　101027143

華志文化事業有限公司

系列／生活有機園007

書名／放下的智慧：不是放下需求而是放下貪求

作　　者　朱榮智教授
執行編輯　林雅婷
美術編輯　簡郁庭
封面設計　葉若蒂
文字校對　陳麗鳳
企劃執行　康敏才
總 編 輯　黃志中
社　　長　楊凱翔
出 版 者　華志文化事業有限公司
電子信箱　huachihbook@yahoo.com.tw
地　　址　116台北市文山區興隆路四段九十六巷三弄六號四樓
電　　話　02-22341779
印製排版　辰皓國際出版製作有限公司

總經銷商　旭昇圖書有限公司
地　　址　235新北市中和區中山路二段三五二號二樓
電　　話　02-22451480
傳　　真　02-22451479
郵政劃撥　戶名：旭昇圖書有限公司（帳號：12935041）
電子信箱　s1686688@ms31.hinet.net

出版日期　西元二〇一三年七月初版第一刷
售　　價　二二〇元

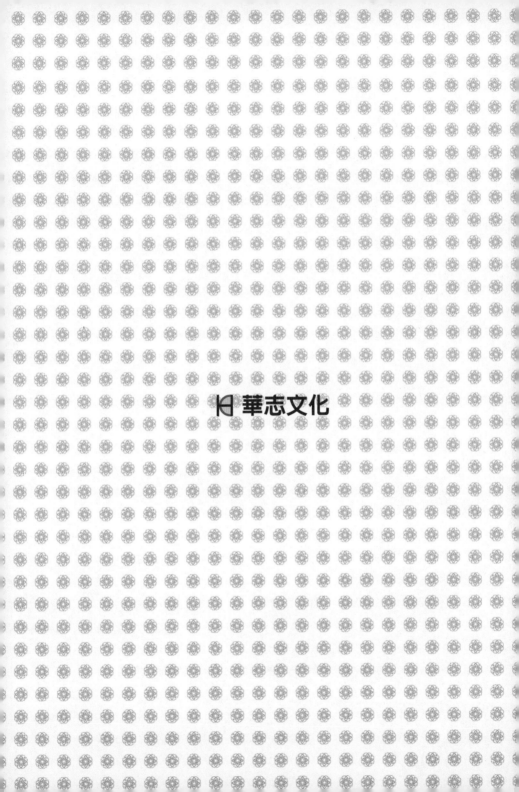

華志文化